高校财务内部控制的问题与对策研究

石 彬 著

延边大学出版社

图书在版编目（CIP）数据

高校财务内部控制的问题与对策研究 / 石彬著. --

延吉：延边大学出版社，2021.7

ISBN 978-7-230-01605-6

Ⅰ．①高… Ⅱ．①石… Ⅲ．①高等学校－财务管理－

研究－中国 Ⅳ．①G647.5

中国版本图书馆CIP数据核字（2021）第150882号

高校财务内部控制的问题与对策研究

著　　者：石　彬
责任编辑：李英姬
封面设计：王　朋
出版发行：延边大学出版社
社　　址：吉林省延吉市公园路977号　　　邮编：133002
网　　址：http//www.ydcbs.com
　　　　　E-mail:ydcbs@ydcbs.com
电　　话：0433-2732435　　　　　传真：0433-2732434
发行部电话：0433-2733056
印　　刷：北京市迪鑫印刷厂
开　　本：787毫米×1092 毫米　　1/16
印　　张：7.75
字　　数：170千字
版　　次：2022年3月第1版
印　　次：2022年3月第1次印刷
ISBN 978-7-230-01605-6

定价：54.00元

前　言

　　随着我国高等教育制度改革的不断深入，进一步加强高校财务内部控制成为高校财务工作的重点。为加强高校财务内部控制，我国不断完善相关法律法规，制定出台《高等学校财务制度》。但是，现阶段我国高校财务管理依然存在严重的问题，尤其是在内部控制机制、风险防范意识等方面亟待完善。本书将对高校财务内部控制进行详细的分析，并针对其中现阶段存在的问题提出具体的解决措施，旨在提高我国高校财务的管理水平，促进教育事业健康发展。

　　财务内部控制，即一个单位组织机构通过制定经营方针、完善会计信息、保护资金安全等措施，有效地对单位内部进行自我调整、评价、规划和控制，从而保证其运营目的顺利实现。目前，内部控制制度包括内部管理控制和内部会计控制，二者直接决定了单位财务管理水平和经营风险系数的高低。我国高校作为非营利机构，一般以财政拨款为主，财务管理模式依然受计划经济模式的影响，难以适应当前的市场经济体制。因此，进一步加强内部控制对我国高校的长远发展起至关重要的作用。首先，加强内部控制有利于及时发现并解决高校财务管理中出现的问题，进而保证教育资金的安全。其次，加强内部控制有利于完善高校运行机制中存在的薄弱环节，进一步健全我国高校的教育机制。最后，加强内部控制是预防腐败的关键，可以有效防止挪用公款、损公肥私等侵害国家利益的行为，为高校教育、科研事业的健康发展营造良好的氛围。但是，目前我国高校财务内部控制力度普遍偏弱，资产流失严重，甚至影响了正常科研教育工作的顺利进行。

　　为进一步促进我国高校健康、快速发展，加强高校财务内部控制力度，提高高校财务管理水平，我国应不断完善相关法律规范，高校也应该积极转变传统的财务管理理念，提高风险防范意识，努力适应当下市场经济发展的需求，减少高校贪污受贿、过度举债的现象，保证国家财政资金的安全，促进我国教育事业的长远发展。

目　录

第一章　概论

第一节　内部控制与财务内部控制的定义

内部控制，是指组织为了提高经营效率和充分有效地获取和使用各种资源，达到既定的管理目标，从而在内部实施的各种制约和调节的组织、计划、方法和程序。从实质上讲，它是一种管理控制，是有效执行组织策略的必备工具。人类社会的各方面活动均需要进行调节与控制，大到一个国家的社会活动和经济活动，小到一个企事业单位的业务活动和收支，都需要进行控制。从当代管理学角度来解释，控制即操作、管理、指挥、调节。任何组织都非常希望在有条不紊的高效率的方式下开展业务活动，提供可靠的财务会计信息和各项管理信息供自身使用，它们需要一些可控制的技术来尽量减少决策的失误和工作中的缺陷。当这种控制在组织系统内部实施时，通常称其为内部控制。

内部控制以责任、牵制、程序、手续等各项制度为控制依据，建立健全合理的组织机构，明确部门和个人的职权范围及其责任权限，规定授权处理程序及相互联系、相互制约的办事手续和方法。内部控制体系的建立、执行、检查、测试和评价，是现代管理学和现代审计学共同关心的问题。内部控制的定义，国内外专家有几十种不同的说法，归纳总结后可从内部控制范围、内部控制手段和内部控制目的三个方面对内部控制下定义。从内部控制范围看，主要分为"部分控制论"和"全部控制论"两大观点，持"部分控制论"观点的大多数人认为，内部控制只包括与处理经济业务有关的内部会计控制，内部控制只与资产管理有关，而与行政、业务管理无关；还有少数人认为，内部控制只包括内部牵制和内部稽核两大部分，前者设计在会计业务处理过程之中，后者则为特设专业的人员进行定期与不定期的查核。持"全部控制论"观点的大部分人认为，内部控制应当包括全部管理控制，它已超越了会计、财务的范围，渗透经营的各个方面和管理的全过程。从内部控制手段来看，主要分为"牵制论"和"组织方法论"两种观点。持"牵制论"观点的人认为，内部控制只包括相互联系、相互制约的"管理制度"或"职责分工制度"。不难看出，"牵制论"符合"部分控制论"的观点。持"组织方法论"观点的人认为，内部控制不仅包括牵制制度，还包括组织、方法、手续等其他手段。由此可见，"组织方法论"符合"全部控制论"的观点。从内部控制目的来看，主要分为"三目的论"和"四目的论"两种观点。持"三目的论"观点的人认为，内部控制是为了保护财产安全，保证会计记录的准确性和可靠性以及财务信息的及时性。持"四目的论"观点的人认为，内部控制除了保护财产安全和检查财务信息的准确可靠性外，更重要的是为了贯彻执行既定的管理政策从而达到系统的目标，同时还能提高经营效率和增加经济效益。

财务内部控制就是站在财务管理的角度进行管理控制。《新会计大辞典》对其的定义是，财务内部控制通常指的是和企事业以及行政单位有关的各种财务活动，依据财务计划提出的要求，我们要严格地实施并进行监督，同时所有的财务活动都是我们计划之内的。一旦出现偏斜，我们一定要及时改正，并从中吸取教训和学习经验，进而实现我们既定的目标。

通过上述内部控制和财务内部控制的定义我们可以看出，财务内部控制是内部控制系统的重要组成部分。但大多数定义偏向于从内部控制的现象以及内部控制过程为出发点进行描述，并没有注意到财务内部控制的一些重要特性。财务内部控制实质上是一种价值控制，它主要通过价值手段进行控制。财务内部控制是一种综合性的控制，不管是责任报告、责任预算，还是企业很重视的业绩评价和风险管理，各项财务内部控制目标均需要依靠价值目标才能完成。财务内部控制并不是针对每个比较具体的业务来进行相应的控制，它能够将不同性质的、毫不相关的业务综合在一起从而进行控制。因此，和内部控制的一些其他内容相比，财务内部控制表现出综合性强、涉及范围广的特点。

第二节　高校财务内部控制的定义

中国注册会计师协会负责制定的《独立审计具体准则第9号——内部控制与审计风险》将内部控制定义为："单位为了保证业务活动的有效进行，保护财产的安全和完整，防止、发现、纠正错误与舞弊，保证会计资料的真实、合法、完整而制定和实施的政策、措施及程序。"因此，高校财务内部控制的定义为：高校党委、行政为了保护学校资产的完整，保证学校经营管理有秩序与有效进行，实现高效经营管理的目标，维护高校资产的安全和完整，提高会计信息的真实性与准确性，有效地降低高校运作过程中的风险，而在高校内部管理中建立的一个管理控制系统。

高校财务内部控制的主体，即内部控制设计、执行和考核评价的主体，是学校内部的党政领导、职能部门及其有关工作人员；其客体是学校内部的经济业务管理活动。为了控制客体，即控制学校内部一切涉及财务的活动，就必须针对其活动的具体环节建立内部的控制制度，制定一套相互联系、相互制约的程序和方法，使之能严格按照预期目标有秩序、有效率地进行。

第二章 我国高校财务内部控制及其制度

第一节 我国高校财务内部控制的目标、原则和特点

一、我国高校财务内部控制的目标

我国高校财务内部控制的基本目标是：规范单位财务行为，保证会计资料真实、完整；堵塞漏洞、消除隐患，防止并及时发现、纠正差错及舞弊行为，保护学校资产的安全、完整；确保国家有关法律法规和学校内部规章制度的贯彻执行。

二、我国高校财务内部控制的原则

1. 合法性原则

内部控制要符合法律、法规的规定和有关政府监管部门的监管要求。

2. 全面性原则

内部控制在层次上应当涵盖学校管理层和全体教职工，在对象上应当覆盖学校所有财务活动，在流程上应当渗透财务活动的决策、执行、监督、反馈等各个环节，避免内部控制出现空白和漏洞。

3. 重要性原则

内部控制应当在兼顾全面的基础上突出重点，针对重要、高风险的事项与环节采取更为严格的控制措施，确保其不存在缺陷。

4. 有效性原则

内部控制应为内部控制目标的实现提供合理保证，学校全体教职工应自觉维护内部控制的有效执行。内部控制的建立和实施过程中存在的问题应得到及时处理。

5. 制衡性原则

学校设置的机构、岗位在财务活动中权责分配应当科学合理并符合内部控制的基本要求，确保不同部门、岗位之间权责分明、相互制约、相互监督。履行内部控制监督检查职责的部门应当具有良好的独立性，任何人不得拥有凌驾于内部控制之上的特殊权力。

6. 适应性原则

内部控制应当合理体现学校财务活动的规模、特点、风险状况以及财务活动所处环境等方面的要求，并随着学校环境的变化、管理要求的提高而不断改进和完善。

7. 成本效益原则

内部控制应当在保证其有效性的前提下，合理权衡成本与效益的关系，争取以合理的成本实现更有效的控制。内部控制也是有成本的，松散的控制与严密的控制产生的效果不一样，所付出的成本也不一样。一般来说，当增加控制措施时，付出的控制成本也相应增加，控制对象出现差错带来损失的期望值会减小；当控制成本增量小于损失期望值减量时，增加控制措施才是有效的。在内部控制实务中，只能根据本单位的实际情况综合考虑各种因素，采取适当的控制措施。

三、我国高校财务内部控制的特点

1. 高校的国有属性

高校是非营利性单位，其产品具有公共产品的性质。一般是政府办学或参与办学，私人或法人投资办学的比例较小。财政拨款是高校资金的重要来源，高校的政策及发展也在政府的引导下。国家或政府是高校的出资者，拥有高校的所有权，并委托高校负责人负责高校资产的管理，高校负责人既代表出资人又代表受托方。因此，同国有企业一样，高校同样存在着所有者缺位、监督不力、机构臃肿等委托代理问题。这导致高校出现国有资产低效率运作、浪费以及流失等状况。

2. 学术权力与行政权力的平衡

我国高校实行的是党委领导下的校长负责制，党委在方向上进行引导，校长负责高校的日常经营管理，实行党政联合管理的行政管理体制。同时由于高校的特殊性，教学科研是高校的中心和重心，学术管理也是高校的重要的管理力量，因此，学术权力与行政权力的平衡成为高校管理的一大特色。

3. 高校业务活动多元化

教学和科研是高校活动的重心，为配合高校教学科研活动而产生了许多经济活动，涉及筹资、投资、基建、采购、后勤、校办产业等多种经济活动，控制业务范围广且复杂。因此，高校对一些业务活动如基建、后勤等业务的控制相对薄弱，高校腐败较容易发生在这些环节。

第二节　我国高校财务内部控制存在的问题及解决对策

高校财务信息化、现代化的实现，既是高校财务管理模式的创新，也是高校整个管理方式的大跨越。关于高校财务内部控制问题的研究，有利于管理人员在及时发现问题、分析问题的过程中建立具有前瞻性、科学性的管理思想与管理手段。因此，相关人员需对高校财务内部控制的核心要素进行全面的了解。以此为切入点，对财务内部控制的问题进行具体、深入地分析。由此，对高校财务内部控制出现的问题形成更加可靠、可操作性的解决对策，促使高校财务管理效能获得大幅提升，使高校在资金充足、人才充沛的支撑下迈入新的发展进程。

一、我国高校财务内部控制的核心要素

（一）控制环境

控制环境是整个控制系统的前提条件，也是优化与完善高校财务内部控制系统的基础。从某种角度来说，控制环境是控制系统的基底，其优化与完善的程度，决定了财务工作的推进与完成效果。

（二）监控体系

监控是整个内部控制系统的保护屏障，相较控制环境而言，其位于系统的顶部。关于高校财务内部控制的问题与对策研究，需认识到监控体系的完善性对财务管理工作成效产生的影响。通常情况下，财务监管制度的科学制定与落实，可更好地对程序进行控制与管理。尤其针对财务工作所形成的控制活动、风险预测与分析等，都可作为内控系统的核心构成要素。在一定程度上监控体系是否完善决定着财务管理的成败，甚至决定高校整个管理效能能否得到提升。

（三）信息交流与共享

现代教育背景下，高校财务部门信息交流与共享的灵活性、实效性，将会对指令的上传下达产生直接的影响。倘若高校财务战略规划、制度规范、工作标准与核心内容不能完整、准确地传递到各个岗位中，会大大降低管理人员的工作质量与工作效率，甚至会因信息阻碍，使管理人员不能及时发现问题，给高校带来一定的财务风险。

二、我国高校财务内部控制存在的问题

（一）高校财务控制环境复杂化

高校财务控制环境会因外界环境的变化而产生新的变化，需要财务人员对工作环境的复杂程度进行科学预测，并以正确的控制意识安排各项工作。目前，部分高校财务部门缺乏控制环境变化的自觉性，并不具备风险防范意识。面对复杂的财务控制环境，财务人员相对缺乏卓越的专业技能和职业素养。尤其是在高校财务部门具有多年经验的工作人员，他们虽具备扎实的理论基础与解决问题的能力，但缺乏大数据思维与信息素养。而部门年轻的骨干，他们更善于利用现代信息技术提高工作质量与工作效率，但应对财务风险、解

决实际问题的能力明显不足。新时代背景下，不仅要求高校财务人员具备扎实的理论基础和较强的专业技能，还需具备运用现代信息技术、操作财务软件的能力。现阶段，部分高校财务人员的专业知识已出现弱化的问题，且缺乏与时俱进的财务管理意识，导致他们无法很好地处理当下复杂的财务工作。由此，控制环境的复杂化与财务人员的职业素养间产生显著的不匹配性，造成高校财管内部控制效能无法获得显著的提升。

（二）财务人员缺乏风险防控意识

风险防控意识对财务部门能及时、有效地解决风险具有十分重要的影响。一方面，风险意识可确保财务人员动态化的优化工作模式与工作流程；另一方面，有助于管理人员准确了解潜在的易引发风险的关键要素，通过制定科学的财务风险防范措施，尽可能地规避可预测的经济风险、法律风险、信誉风险等。但目前，高校部分财务人员缺乏一定的风险意识，加之缺乏完善、科学的财务内部监管系统，使高校财务管理产生较大的漏洞。当工作人员不能建立正确的认识，且在管理机制上不能进行有效的控制，势必会加大财务风险发生的概率。因此，高校管理人员、财务部门负责人需对财务管理工作特征、本校办学特色等进行全面的了解，认识到财务风险防范与工作流程控制的重要性，增强风险意识，制定并完善财务监管体系。

（三）财务内部控制机制信息流通不流畅

高校财务管理工作的内部控制，需确保各个岗位间、职能间进行协调管理、统筹安排。基于有效的财务控制活动，更利于高校各项制度、战略规划、指令有序的上传下达。但目前高校财务部门因重要信息不能即时共享、顺利传递，导致控制活动的优势与功能未能发挥。财务内控信息系统的运作，需利用现代信息技术、计算机设备的支撑来完成。但在实际操作的过程中，会因数据录入错误、启动程序失灵，使得财务数据信息不能有效地传送到各岗位与职能部门。因此导致控制手段产生极大的局限性，导致高校财务管理工作不能按预期推进与落实。高校管理人员需对财务信息的共享与应用优势建立正确的认识，根据自身实际存在的管理问题，有意识、有计划地优化控制环境。对于财务人员的信息素养不高、大数据意识的不足应给予高度的重视。对于财务人员只将计算机技术、大数据技术的应用停留在工作表面这一问题，高校相关部门必须对其进行正确地引导与培训。

三、我国高校财务内部控制问题的解决对策

（一）构建完善的财务内部监管体系

作为高校财务内部控制的关键要素，财务内部监管体系完善性、可操作性，将会对实际的管理成效产生重要的影响。因此，高校需根据自身的办学特征、财务管理制度和管理模式等，构建更具有实效性与科学性的财务内部监管体系。相关管理人员应组建一支专门的财务内部监管部门，对财务部门的核心岗位和重要工作进行严格、有序、合理的管理与

监督。由此，可在一定程度上实现廉洁办公的工作环境，令财务人员心无旁骛地融入各项财务工作中。当然，在组建监管部门，以及制定具体的管理流程、管理制度与规范的过程中，应做到刚性制度与柔性管理相结合。既要体现制度的权威性、严格性，还需体现财务内部控制机制的人文精神。例如，针对财务部门的升级与预算管理工作的监管，可通过制定科学的工作流程与工作标准等，基于监管制度督促各岗位认真落实每一项财务制度。而实际推进财务工作进程中，对财务支出、预算编制的方法与程序进行监管的过程中，应将"以人为本"的管理理念渗透全过程中，即预算工作在外部环境作用下发生变化时，需对执行人员出现的错误给予一定的理解。不应完全依照制度与规范对他们进行惩罚，需结合实际情况灵活处理员工的失职。倘若员工已认真、严格履行预算制度，导致工作失误的原因在于外界环境的变化，管理人员需帮助财务人员重新梳理工作思路，使他们不断优化财务管理模式。与此同时，高校管理人员在制定与落实财务内控监管制度的过程中，需对预算管理、财务审计范围、教育事业费用预算、科研费用预算、成本计算等工作进行全面掌握。根据工作内容的差异性，分别制定行之有效、灵活的监管制度与工作流程。例如，可根据财务管理内容，重视在事前、事中、事后进行科学控制与监管；并且在实际开展财务工作、进行内部控制活动的过程中，注重对工作程序的监督，并基于合理的授权、批注、执行、记录、核查等规范推进财务管理活动。

（二）注重财务数据的有效共享

信息化时代背景下，数据的整合与应用对高校财务内部控制体系的优化与创新，具有十分重要的推动作用，即管理人员必须注重财务数据的有效共享，确保各项管理策略、经济战略规划的实效性与前瞻性。关于高校财务内部控制问题的研究，管理层需建立大局意识与责任意识。在实际开展财务管理活动的过程中，财务数据、管理模式等都会在一定程度上受市场大环境的影响。因此，财务工作的运作与管理充满一定的复杂性与多变性。而若想有效、及时地应对不同程度、不同方面的财务风险，必须制定科学财务防范机制，将互联网技术、大数据技术广泛地渗透与应用到各个领域的进程中，高校必须充分发挥技术手段优势，既要注重优化内部控制制度，还需利用现代信息技术、大数据手段等获取更加全面、精准的财务数据，对潜在的风险要素进行全面掌握，制定科学、完善的风险应对机制。在实际开展财务管理活动的过程中，工作人员不仅要利用计算机、互联网等技术优化工作流程，还需各个岗位间能灵活、有序地共享财务数据。这样，更利于各个部门及时发现问题、解决问题，尽量控制财务风险的发生。高校管理人员应对财务管理进行及时转型，基于大数据分析、财务数据的有效共享，探寻最精准的突破口，对财务管理模式进行科学的改革与创新，即在寻求健康、可持续发展的过程中，对新时代背景建立正确的认识。高校财务管理需从价值管理逐渐转化为价值创造，在发现问题与解决问题、分析风险要素、解决财务风险的过程中，切实发挥大数据的优势与价值。目前，社会对高等教育有了新的要求，即不仅要培养出符合时代和社会需求的高素质、复合型人才，还需拥有一定的科研成果。无论在提高教育水平，还是强化科研技能的过程中，都需增加一定的资金投入与时间成本。因此，高校财务部门必须利用财务数据信息，实现价值的高效创造。能够针对财务管理与价值创造相关的问题，应从传统的财务管理形态转入财务对价值的管理与创造。利用更全面、精准的财务数据，使高校获得更大的价值。例如，高校财务管理人员对财务管理范畴、服务领域等需要进行战略性、策略性的延伸与丰富，最大程度体现财务管理的附加值，并有针对性地转移管理重点，即从财务核算、财务监管等逐渐趋向企业经营与经济管理，注重对服务成本的控制，并对科研、教育方面合理的加大资金投入与管理。高校在实际开展经营活动的过程中，应以大数据思维完善与优化财务管理策略，并将其贯穿到经营业务、服务活动的全过程中，由此形成更具有现代性、前瞻性的财务内部控制体系。

（三）强化财务人员的专业素养

高校财务管理人员需认识到人才的管理效能对提高财务工作质量与工作效率所产生的极大影响。高校领导层需认识到财务人员专业素养强化的重要性，并将培训工作纳入财务内部控制体系的重要内容中。基于人才的有效管理，逐渐形成优质的内部控制环境。财务部门负责人需对内部控制环境的复杂性建立正确的认识，根据工作过程中出现的实质性问题，有目的、有针对性地制定职业技能提升的培训方案。通过提高财务人员的专业技能和工作意识，以便他们能更好地适应当下复杂的工作环境，即财务人员对大数据技术、信息技术的应用形成清晰、明确的认识，使他们积极参与到培训活动中，建立良好的大数据意识与信息素养。高校管理层应重新界定财务管理人员在内部控制系统中的作用，即所制定的培训方案，其不仅能覆盖财务部门的所有人员，还需彼此真正达成合作共识，共同解决财务问题。如需针对财务部门的管理人员开设有关管理能力提升的课程，应基于传统的专业素养的提升，科学并合理融入管理学、心理学、现代信息技术应用等课程，使财务管理人员切实发挥自身的专业优势；并基于强有力的管理能力，独立统筹安排内控事宜，能够针对财务内部控制环境的复杂性，制定科学的工作细则、规范、流程与管理程序等。财务部门负责人需对各个岗位职能进行科学规范，做到科学分工，将责任落实到具体的岗位与个人，使所有人都能依照工作流程与工作标准落实各项财务活动。同时，在财务部门负责人的主导下，将对基层工作人员的培训落到实处；如通过采集、总结与分析日常财务工作中出现的具体问题，制定具有实用性的培训计划，使财务人员在工作过程中能够应用培训中所学习到的知识与技术，使自身的工作能力、职业素养等获得大幅提升。高校管理人员需结合财务部门的工作内容、管理特征等，制定具有实效性的内部轮岗制度以及完善的考核机制，以此达到优化内部控制环境的目的。一方面，利用轮岗机制，使财务人员在不同的岗位上了解更多的专业知识，拓展工作视域；另一方面，基于科学的轮岗制度与考核机制，促使财务人员全身心投入到工作当中，并对自身的优势等重新建立认识，并结合高校系统化、科学化的培训机制，全方位提高财务人员的专业素养、职业素养、业务能力，使得财务人员依托于自身的实践应用能力、信息素养等，更好地应对复杂的财务工作环境。

在对财务人员进行专业素养强化的过程中,相关管理人员引导其建立与时俱进的思想意识,以大数据思维、现代管理理念动态化审视自身的财务工作。确保高校从其根本上优化内部控制环境,切实发挥财务部门的服务功能与职能优势。

总之,高校管理人员需紧密围绕控制环境、监管体系、信息交流与共享等三方面关键要素,对财务内部控制问题进行分析。基于既定发生的工作问题,能够制定科学的解决对策,即结合高校办学特征,构建完善的财务内部监管体系;注重财务数据的有效共享,进一步加强财务内部控制活动实效性;注重财务人员专业素养的提高,形成优质的内部控制环境,逐渐形成高效、科学财务内部控制系统,全面提高财务管理效能。

第三节　我国高校财务内部控制制度存在的问题及解决对策

改革开放之后,我国的教育事业飞速发展,各大高校的规模不断扩大。在当前高校经费渠道多元化以及教体改革深化的背景下,我国的高校财务内部控制制度仍不完善。本节立足于财务内部控制的现状,分析其存在的问题,提出了相应的解决对策,以供参考。

一、我国高校财务内部控制制度中存在的问题

(一)相关制度和政策不健全、不完善

从目前情况来看,我国高校财务管理制度还不够健全和完善,存在预算执行混乱、收支不明的情况;内部控制制度又依附于各级教育管理部门和财政部门,缺乏系统性和完善性,制约了财务管理的规范化。目前,国家相关部门制定出台了一系列措施,对高校财务进行管理,但依然存在不够完善的问题,仅有《教育系统内部审计工作规定》《教育部、财政部关于高等学校建立经济责任制加强财务管理的几点意见》和《中央级普通高等学校房屋修缮和仪器设备购置专项资金及项目管理办法》等单向管理办法,并没有专门针对高校财务内部控制制定规章制度,这在一定程度上限制了高校间建立统一的财务内部控制体系。

(二)预算管理意识不足

目前我国高校的经费来源主要是各级政府财政拨款,因此在高校的日常活动中,经费的收支需要规范的预算加以调控。然而,有些高校对预算管理的意识比较薄弱,对预算管理认识不足,使得高校预算编制缺乏合理的定额测试,科室分工后前、后台的衔接工作不当,报销程序重复或叠加,各相关部门之间互不协调,以至于预算的执行力低下,从而导致预算管理制度缺乏必要的约束,内部控制制度不统一和不完善,甚至出现费用资金流失或者经费预算赤字。

（三）内部监控不力

高校财务服务项目多、业务量大，财务的各项专项资金、核算、投资以及日常报销等，都需要内部审计部门审计。而内审部门仅仅是财务部门的辅助，只能根据提供的核算资料进行审核与验证，或是等待第三方反映投诉，缺乏相应的独立性；另外，审计结果还受到审计人员的经验，责任心等方面的制约，难以及时发现和纠正违规行为，不能将风险防范在前。

（四）风险评估机制不完善

近些年来，高校在进行体制改革和不断扩招及扩建的过程中，依然存在风险管理和防范意识淡薄的问题。高校由于设备更新快且投入多，融资渠道却没有增加，唯有向银行借贷。但高校却忽视了偿还能力，导致财政出现问题，风险因素加大，而风险预警机制的乏力又迟迟没有解决。学校管理者的风险意识薄弱，虽以办一流大学为最终目标，却陷入盲目扩招、扩建的怪圈，又对风险评估程序、机制认识不足，或是对相关的风险缺乏深入地评估、透彻地分析和有效地控制，超脱财政负担能力范围，陷财政于高额的借贷压力的危机之中。

二、我国高校财务内部控制制度问题的解决对策

（一）国家制定有针对性的政策

为了维护高校财务工作的有序进行，我国出台了诸多高校财务管理方面的政策，但作为财务管理环节的内部控制依然缺乏。同时，随着我国高校体制改革的深入，已经实施的规章制度难以满足新阶段高校发展的新要求。为了提高高校财务工作质量，降低财务风险，必须建立全面的高校财务内部控制制度，完善高校财务管理机制，结合《高等学校财务制度》，将高校内部的每个要素纳入财务控制体系，建立配套的风险评估制度，构建信息监控平台，统一高校财务内部控制的总章程，高校可依据实际情况略有调整。

（二）全面加强预算管理

预算管理是现代高校财务内部控制制度中的重要内容，是改善和杜绝财产流失、财务赤字的有效手段，也是高校发展的需要。加强预算全面的管理，需要将财务资金全部纳入预算管理，并且做到统一规划、核算、管理，达到实现全面预算。要真正执行财务的全面预算，需要高校采取如下措施来实现自身的全面预算管理：一是增强计划管理的职能；二是构建和预算相得益彰的预测、跟踪、评价机制；三是工作方法要科学性，工作手段需现代化。

（三）建立、健全风险评估机制

现阶段，在高校财务管理工作中，应当建立、健全内部控制的风险评估机制，从根本降低资金的流失、避免赤字的出现或加剧，既可以对高校财务风险进行定性，还可以减少

高校财务风险的发生，避免资金损失。当前由于高校的资金来源已经多元化，高校运营存在不定性风险威胁，因此高校应当做好财务风险的防范工作，以确保风险评估机制构建的科学性。

高校必须从思想观念上重视财务内部控制工作。当前有两种风险需要化解：负债多而重，财务收支不科学、不平衡等因素引发的内部风险；与宏观经济因素紧密相连的外部风险。高校财务日常活动中，内部风险的威胁远远大于外部风险，比如大量负债使得融资产生了风险，所以高校应利用相关的指标对自身存在的风险和承担能力进行合理、综合地评价。加强对高校风险的监控力度，构建风险应急和预防机制，高校财务人员要承担起自身职责，熟知风险出现的关键和起因，判断财务风险警报的程度（轻、中、重度），及时采取有效措施排除轻度风险警报，妥善应对中、重度风险警报，提高风险抵御能力，必要时成立风险应急和预防工作小组，保持风险预警系统的完整。

我国部分高校的财务内部控制制度不完善。为了支持高等教育事业的长足发展，促进高校财务控制的规范与合理，保障高校资产的安全，确保高校各项工作的顺利进行，提高学校办学效率，国家应完善相关的法律法规，高校发展的建设资金渠道更应该多样化。建立健全财务内部控制制度、有效防范财务风险，以促进高校平稳、健康的发展，为社会主义事业培育出更多优秀的人才。除此之外，高校间还可以通过相互交流、加强信息互通等方法来完善自身的财务内部控制制度，以促进高校平稳发展。

第四节　我国高校财务内部控制制度的设计与建设

高校通常都有自己的财务内部控制制度，但不少高校实施财务内部控制的效果不佳，出现过或多或少、或大或小的问题。究其原因，一是制度本身不完善，二是对控制制度执行不力。因此，亟须有一套科学的、符合成本效益原则的控制制度。

一、我国高校财务内部控制制度的设计

（一）财务活动基础内部控制制度设计

财务活动基础内部控制制度设计主要是对相关的机构、岗位职责进行设计，从分工、合作、监督角度规定各机构、岗位与财务活动相关的职责和权限，保证不相容职务相分离，形成相互制衡机制，构建财务内部控制的组织基础。

不相容职务主要包括：授权批准、业务经办、会计记录、财产保管、稽核检查等职务。具体来说：

采购业务为请购与审批；询价与确定供应商；采购合同的订立与审计；采购与验收；采购、验收与相关会计记录；付款审批与付款执行。

场所出租业务为收费与招租业务。

对学生收费业务为收费与学籍管理。

对学生退费业务为退费审批、退费执行与学籍管理。

薪酬发放业务为发放清单编制、复核、审批与发放执行。

财产管理业务为财产记账与财产保管。

会计核算业务为记账与复核。

财务活动基础控制制度实例（主要规程描述）：

校领导成员分工主管各类业务，事权财权相匹配，设定其预算开支审批限额。各类业务在校领导审批限额内的开支由分管该业务的校领导最终审批，超出分管校领导审批限额的开支由领导集体审批：例如达到 A 数额的开支由领导班子集体决定；达到 B 数额的开支由教代会决定。

人事部门负责编制工资、津贴、补贴发放清单；财会部门负责资金收付、结算和记录，监管应收款项的收回；出纳人员不得兼任稽核、会计档案保管和收入、支出、费用、债权债务账目的登记工作。

不得由一人办理货币资金业务的全过程；不得由一人办理场所出租与收款业务的全过程；不得由一人办理采购与付款业务的全过程。

（二）支出预算编制内部控制制度设计

预算具有明确工作目标、协调各部门关系、控制经费收支和考核工作业绩的作用。预算编制内部控制的目标是保证预算的合法性和合理性，符合本单位的实际情况，便于各项工作协调开展，支持事业持续发展，避免盲目预算，浪费资金。

支出预算编制内部控制制度实例（主要规程描述）：

学校每年编制年度预算，规定各项事业活动所发生的财务收支都纳入预算管理范围，保证一切支出都是为实现学校的发展目标服务。

学校编制预算时，各部门将本部门开展业务和专项建设、专项购置开支计划报财务处，财务处根据本校的发展规划和财力情况，综合、平衡各部门提出的开支计划，编制学校年度预算。年度预算经教代会审议通过和当地财政主管部门批复后执行。

学校的预算项目分解到校属各单位各部门。在支出预算中列明各项开支的执行单位或部门和分管校领导。

（三）收费内部控制制度设计

收费内部控制的目标是保证收费按规范的项目和标准进行，该收的及时收，防止乱收费、收费差错或舞弊行为的发生。

收费内部控制制度实例（主要规程描述）：

实行收费公示制度，让学生监督收费，防止收费差错。将物价部门批准的对学生收费项目及收费标准在公示牌及校园网上公示，让学生据此监督。

严格发票管理（这里所称发票是指从财政部门购回的收款收据和从税务部门购回的发票）。这一环节控制的目标是保证发票款及时入账入行（银行）。具体做法是：

（1）发票管理员到发票销售机构买回发票，负责发票管理。

（2）收款员从发票管理员处领取发票，开票收款；用票后分类统计已填开发票金额，编制发票结算表，将发票记账联、存根联和发票结算表交发票管理员检查复核，无误后发票管理员收回存根联，注销收款员的用票登记；发票记账联和发票结算表交会计，会计再做检查复核，无误后记账。会计记账用"应收发票款"科目，以控制发票款的入账入行，按开出发票金额，借记"应收发票款"，贷记应缴财政专户或往来科目或冲减支出科目（根据所收款项的性质决定）。应收发票款科目按每个收款员设置明细科目。

（3）收款员将所收款项送存银行，出纳员根据银行收款凭单登记银行存款出纳账。

（4）出纳员记账后将银行收款凭单交会计记账：借记"银行存款"，贷记"应收发票款"。

（5）会计每月与收款员核对"应收发票款"科目余额。

做好收费稽核。财务处与职能部门定期核对收费情况，防止多收、少收、漏收现象的发生。每学期财务处整理学生已交学费清单传递给学籍管理部门和班主任，整理学生已交书费清单传递给教材供应部门和班主任，整理合作办学单位已交办学分成款清单传递给学籍管理部门。

总务处把场所出租清单动态地呈报财务处，财务处把租金收取情况动态地报总务处，总务处、财务处检查租金是否及时收齐。

（四）退费内部控制制度设计

由于政策允许学生在一定条件下交费后可退学退费，学校退费的情况时有发生。网络学院、广播电视大学等开放办学的高校退费发生频率很高。退费内部控制的目标是：保证每笔退费都是必须的、恰当的，防止被退费人钻空子，或退费经办人出现退费业务差错，或舞弊行为的发生。不同项目的退费，采取不同的程序实施控制。

退费内部控制制度实例（主要规程描述）：

退学费控制。学生交学费后退学，按物价部门或教育行政主管部门规定应退学费的，按如下程序办理退学费手续：学生本人提出书面申请，学院（系）领导加具意见，分管教学的校领导审批，学籍管理部门注销学籍，财务处退学费。

退住宿费控制。学生交住宿费后退宿，按物价部门或教育行政主管部门规定应退住宿费的，按如下程序办理退住宿费手续：学生本人提出书面申请，学院（系）领导加具意见，分管学生住宿的校领导审批，宿管部门办理退宿手续，财务处退住宿费。

学生退学费或住宿费时，财务处收回学生的缴费发票，并在收费信息库里做该项收费已退费标记。

退教材费控制。每届学生修业期满时，教材供应部门计算修业期满的每位学生应退的教材费金额，报分管教材工作的校领导审批，教材供应部门、财务处派员合作直接把教材结余款退给每位学生。对领取教材结余款的学生须查验其身份证件，防止教材结余款被冒领。

如果学校收集到学生的银行账号，那么退费时就把该退款直接划转到学生本人的银行账户里。

退保证金控制。供货商、租户的履约保证金期满时，由合同执行部门办理退款手续。退款时须收回保证金收据并经合同执行部门负责人和分管校领导审批。

（五）支付内部控制制度设计

支付内部控制的目标是保证每笔支付都是必需的、恰当的，防止受款单位、受款人诈骗，防止付款经办人付款业务差错或舞弊行为的发生，保证资金安全。

支付内部控制制度实例（主要规程描述）：

借款控制。教职工因公借款，须经用款部门负责人和分管该项开支的校级领导审批。开支经办人借款办理付款后，要尽快取得合规、完备的结算、付款凭证，办理报账还款手续。借出款项不按时完成报销还款手续的，财会部门经校长批准在借款人的个人收入中强制扣回借款。

报账控制。财会部门在办理报账业务时，对开支审批手续、付款和结算凭证的真实性、完整性、合法性及合规性进行严格审核：

（1）查验采购项目是否符合预算。各项开支应严格按年度预算进行，所有开支用途必须符合预算项目内容，须严格按照预算执行进度办理支付手续。

（2）查验合同、验收资料。

（3）查验发票合法性。

（4）涉及固定资产购置的要查验学校固定资产管理部门编制的固定资产记账单，确保所购固定资产纳入学校管理。

（5）涉及政府采购的项目要查验采购手续是否符合相关规定。

（6）查验付款审批手续是否完备。

支票使用控制。空白支票和支票印鉴，分别由两人保管，避免一人签发支票。

支付复核。出纳员按会计审定的支付凭证付款、记账后，分管会计、主管会计记账时对支付凭证再做复核，确保支付没有差错。

（六）教职工薪酬发放内部控制制度设计

教职工薪酬发放控制的目标是保证国家相关人事、财政政策的正确执行，防止薪酬发放业务差错或舞弊行为的发生。

教职工薪酬发放内部控制制度实例（主要规程描述）：

基本工资、津贴、补贴等薪酬固定部分的发放控制。教职工薪酬中由学校当地财政主管部门统发的部分，每月由学校人事部门将人员工资变动情况通知当地人事主管部门，当地人事主管部门审核通过后通知财政主管部门通过银行发放；由学校发放的部分，每月由学校人事部门编制工资发放表交财会部门复核，薪酬发放员按审核后的发放表发放。

加班费等临时报酬的发放控制。由产生报酬的业务的负责部门编制报酬发放表，经该业务分管校领导审批后由财务处发放。

薪酬发放员将教职工个人薪酬发放清单、计税清单放在校园网上让教职工本人查询，做进一步核对。

会计对薪酬发放事项记账时，对发放清单再做复核。

（七）核算内部控制制度设计

核算内部控制的目标是保证每笔会计业务都按国家会计规范进行，保证财务信息真实、完整、及时。

核算内部控制制度实例（主要规程描述）：

会计记账时，分管会计根据原始凭证编制记账凭证，主管会计对分管会计编制的记账凭证进行复核，无误后录入到会计电算化系统。主管会计复核分管会计的录入是否正确。

财会部门每月将固定资产账户余额变动信息送固定资产管理部门核对；学生退学费信息送学籍管理部门核对；往来款项账户余额变动信息送相关业务部门、相关个人核对。固定资产管理部门定期盘点实物，保证账账相符、账实相符。

分管会计及时清理学校的债权债务，适时地提醒、督促经办人员办理往来款项结算。

主管会计每年根据当地财政主管部门的要求编制决算书，决算书经校长审批后报送学校教育行政主管部门和财政主管部门。

学校教代会每年审议学校上年预算执行情况。

（八）会计资料归档内部控制制度设计

会计资料归档内部控制的目标是保证会计资料按国家会计规范进行装订和保管，便于有需要时经授权的查阅。

会计资料归档内部控制制度实例（主要规程描述）：

会计档案管理员及时整理、装订会计资料，形成会计档案；会计档案形成后送到学校档案室保存；会计档案查阅须经财务处负责人或纪委负责人同意并报校长批准。

二、我国高校财务内部控制制度的建设

中国注册会计师协会在《独立审计具体准则第 9 号——内部控制与审计风险》一文提出了内部控制的概念和内部控制结构，包括控制环境、会计系统和控制程序三个要素。为此，适应于高校财务内部控制的特点和要求，学校的生存和发展需要建立在规范的内部控制制度基础上，建设和完善高校财务内部控制制度，发挥会计人员管理职能作用，是高校的一项重要课题。

（一）我国高校财务内部控制制度建设的必要性

首先，高校财务内部控制制度是保证高校正常运作的客观要求，是高校管理的重要组成部分。随着教育体制改革不断深化，高校办学规模逐步扩大，学校管理水平和经济风险防范能力以及发展战略跟上发展的步伐，都需要财务内部控制保障才能实现。学校在升本初期，由于领导在教学、招生、科研等工作压力，常常疏于财务内部控制管理，特别是管理理念仍沿用原有专科管理的老套路。本科层次的管理理念蕴含了不同于专科层次的新思想，这些思想必然影响高校的管理、财务工作和独立审计，在理论和实际应用上较专科层次有质的提升。

其次，高校财务内部控制制度是履行会计职能的基本前提。会计的基本职能有两个：核算和监督，二者相辅相成、缺一不可。核算只有真实地反映财务信息，才能正常履行监督职能，反过来，监督及时和到位，才能正确地把握会计信息。高校内部控制不是几个人的事情，它的流程和制度应约束每一位教职工。美国会计师协会在《内部控制：一种协调制度要素及其对管理当局和独立注册会计师的重要性》一文中指出，内部控制不仅包括组织机构的设计，也涵盖单位内部采取的所有相互协调的方法和措施。这些方法和措施都用于保护单位的财产，检查会计信息的准确性，提高经营效率，推动单位坚持执行既定的管理政策。通过内部控制，使教职工对财务报告有信心，好的内部控制制度可以帮助高校顺利实现专科层次向本科层次的过渡。

再次，实施高校内部控制也是贯彻财务管理相关法律法规的需要。在高校，学校领导各司其职，在其审批权限内，往往拥有一定的权力，如果只是完成目标任务，忽略财务流程及规范性，则容易产生营私舞弊的行为。在我国加入世界贸易组织（WTO）以后，高校面临的市场竞争也越发激烈，高校要想发展就必须建立、健全相应的内部控制制度，使之成为行之有效的管理和监督机制，防范可能的经济风险，保证高校正常运转的效率和效果。

最后，严格完整的财务内部控制系统是高校财务会计的核心控制命脉，不仅能确保教学、科研等活动的顺利开展，也保证了高校资产的安全性以及财务报告的可靠性。由于部分高校缺乏内部控制意识，甚至搞不清会计控制和管理控制的概念，形成的内部控制制度有的停留在口头上没有形成规章制度，有的形成规章制度却含糊不清。例如，高校在如何足额获取生均教育经费上花的力气很大，却忽视了如何提高现有资产的利用率，这明显与确保资产保值增值的内部控制目标相违背。一些经济活动以时间紧迫为借口，不按照规章和流程来操作，使得预防和控制风险成为空话。经济活动过程中的重要活动、关键环节如果失去控制，将导致内部控制将是流于形式。教学部门的工作人员也存在对内部控制概念认知不足的问题，认为内部控制只是财务部门的事，与教学部门无关。从控制环境角度看，这种思想认识还造成学校管理层与职能部门之间、各职能部门之间达不到有效的沟通和协调，阻碍了内部控制流程的执行，最终制约了内部控制制度在高校中发挥效能。

另外，职责分工是建立内部控制制度的基础，如果分工协作不明，财务人员之间没有相互制约，将导致收支混乱、信息失真，造成国有资产流失。职责分工问题主要包括经济业务支出前是否有预算、进行立项审批，是否在经济业务发生时取得合法票据，经济业务报销的审批人是否能对经济业务的真实性、合理性和效益性负责，报分管领导签批前是否如实汇报经济业务的真实情况，分管领导签批经济业务前是否了解经济业务的真实情况，财务部门的审核人员是否严格按照学校的财务规章制度的要求进行审核制单，学校的各项支出是否在预算内合理支出，收支业务的事由、标准、审批人、经办人、证明人、验收人是否明确，手续是否齐全、原始票据是否真实合法等。上述问题产生的原因，是由于内部控制制度、职责分工不明确，职责之间没有形成一种相互牵制的约束机制。由于内部控制程序未经合理的设计和制定，因此营私舞弊、滥用职权、恶意串通等行为的出现也就不可避免。

除此之外，内部控制制度是否完善，会计主体行为是否透明，离不开监督机制和内部制约。高校均设置有内部审计部门，财务内部控制制度的监督与评价顺理成章地由内审部门来完成，但无论内审部门还是财务部门，都存在人员配备不足、工作量大、缺乏经验等问题，一人身兼多职时有发生，这些因素直接影响了监督职能作用的正常发挥。由于内审监督不力，一些资金的运作过程只能看到局部，看不到预算、收入、支出、资产等多个环节；各个系部的创收收入与支出，以及一些横向科研课题经费的使用也还存在随意性，在支出的范围、项目和用途上出现了不少问题，比如外协费、招待费、劳务费比例过高，会议费支出过大，无预算的经费支出过多等。有些内审部门只注重会计基本资料的审计，意识不到或搞不清内部控制系统的监督职能，使内部控制制度和内部稽核制度上出现漏洞的概率大增，出现问题得不到及时解决。

（二）我国高校财务内部控制制度的完善措施

1. 树立内控意识，全面提升财务人员的综合素质

加强财务内部控制管理，首要的是高校相关人员要树立内控意识：一是部门领导应带头提高内部控制认识，培养内部控制理念，从本校的实际情况入手，理解内部控制的含义；二是部门骨干要充分学习内部控制理念，配合领导带动部门全员转变传统观念，树立内控意识，整体营造出一种浓厚的内控意识氛围；三是提高实施内部控制的自觉性，财务人员相互监督、不徇私情、秉公办事。

财务人员必须努力提升自身的综合素质，重点是提升会计业务素质、职业道德素质和协调沟通能力，充分把握内部控制的基本目标和操作程序，严守职业道德规范，处理好财务部门内部和外部的各种关系，使内部控制制度得以有效运转。

2. 明确职责分工，制定并实施内部控制规范

财务部门的每笔业务都要有明确的职责分工，前面提到内部控制制度存在的诸多问题，就是因为没有明确财务部门和人员的职责范围和处理权限，因而无法构建内部控制的基本

框架。做好职责分工，简单地说，就是要落实部门责任制和岗位责任制。内部控制的根本在于内部牵制，应用到职责分工上就是任何人或部门不能单独控制一项业务，而是交叉控制，这样建立起来的部门责任制和岗位责任制应该是相互制约、相互监督的。在职责分工过程中，必须将部门责任制和岗位责任制与目标管理相结合，确定内部控制的一级目标和二级目标，以部门领导和骨干为目标责任人，按照"以人为本，规范管理"的原则，狠抓内部控制各级目标的落实。

建立内部控制框架必须遵从内部控制的设计原则，即合法性、重要性、有效性、制衡性、适当性和成本效益共六条原则，严格把握职权分管、财产安全、审计、预算、风险等控制过程，结合高校的基础条件和运作特点，形成符合自身实际的内部控制创新机制。该创新机制需要处理好三个问题：一是传统观念束缚与现代内部控制理论的引进；二是高校之间在内部控制的制度、程序、监督以及地域、规模、管理模式等方面的差异性；三是内部控制目标的提升与高校人员的配置不足、意识不强、素质不高存在矛盾。要定期总结内部控制管理经验，及时把创新成果提升为制度规范，做到与时俱进、服务发展。内部控制制度的管理和服务需要学校多部门协作，学校管理层与职能部门之间、各职能部门之间要统筹管理、信息互通、主动配合，使内部控制流程环环相扣、相互制约、彼此监督。同时，内部控制制度、方法、程序应与高校的教育教学目标和发展战略相一致。严格执行内部控制制度、方法、程序，保证其执行效果，使之真正服务于高校的发展，促进学校实现发展战略。

3. 规范内审行为，强化内部监督与风险控制

内部审计是内部控制有效性的基本保证，具有参与内部控制制度建立和实施的重要职能。以内部审计来强化高校内部监督与风险控制，提高教育教学管理水平，才能保障国有资产保值增值和学校可持续发展。独立性和权威性是内部审计的两个基本要素，从根本上决定了内部审计的作用和效果。高校的内部审计部门，其独立性往往不够，需要高校管理者从战略角度考虑把内部审计部门放在一个较高位置，提升内部审计的独立性，改善内部审计工作环境，使审计工作能够放开手脚。同时，管理者还要重视内部审计处理意见，及时改进管理工作，树立内部审计的权威性，保证内部审计能够全面履行各项职能。

强化内部审计监督职能的同时，也要注重其服务职能。事实上，监督和服务是内部审计中有机结合、不可分割的统一体。高校要从传统的重监督、轻服务及重结果、轻过程的审计模式中走出来，将监督和服务职能并重，寓监督于服务之中。根据这个原则，内部审计的监督作用在内部控制流程中应采取过程监控，通过梳理内部控制流程，找出漏洞所在并及时弥补，从而对内部控制制度构成有力补充。此外，内部审计部门还要重视人才队伍建设和人员配备，通过职业培训、继续教育等多种方式来提高内部审计人员的服务意识和综合素质。总体上，高校的内部审计需要建立一个多层次、全过程、立体化的监督体系，为内部控制系统提供强有力的服务和保障。

当前，高校因办学层次提升而处于跨越式发展之中，机遇和挑战并存。面对这场攻坚战，高校建立和完善财务内部控制制度已是当务之急、重中之重。不仅如此，无论财政拨

款还是多渠道的教育经费筹集，都进一步扩大了高校的财务核算资金规模，使得内部控制范围不断拓展，目标和内容需要更新，难度和要求随之提高。因此，高校财务内部控制制度建设必须立足本校实际，遵循高校发展的客观规律，充分发挥内部审计的监督和服务职能，构建科学、有效、严密、可操作的内部控制体系，推动高等教育事业的健康发展。

第三章　高校财务预算的内部控制

第一节　高校财务预算管控与高校财务预算执行

财务预算管控在高校财务管理工作中属于核心组成部分。本章首先概述高校加强财务预算管控的意义，其次指出高校财务预算管控中存在的问题，最后提出加强高校财务预算管控的对策。

高校财务预算管控的职责任务是通过合理的预算来优化分配、考核、控制单位所有财务资源，以及时顺利地对高校各项经济活动进行组织协调，实现预期的目标。财务预算管控涉及了高校财务管理全程，是高校进行各项财务活动的前提和依据，直接决定了高校当前的财务状况及今后的发展情况。所以高校不断强化财务预算管控，有利于高校办学资金的有效筹措、分配和使用，加快高校发展步伐。

一、高校财务预算管控

（一）高校加强财务预算管控的意义

财务预算管控主要是会计主体通过价值形式来开展企业经营活动预算、决策及目标控制工作的一种管理方式。高校财务预算管控则通过价值形式将高校经营活动的预算、调节、决策、目标控制，将事前管理、事中管理、事后管理有机综合，充分发挥监督控制作用。所以加强高校财务预算管控工作，构建健全高效的预算管理体系，改革创新财务制度，对推动高校各项工作的顺利有序发展具有重要的现实意义。

（二）高校财务预算管控中存在的问题

1.实行"基期预算法"

编制预算对高校年度内整体工作的稳定顺利运行起到了决定性作用。通常情况下，高校预算都是编制一年执行一年，当前我国多数高校编制财务预算时依旧使用的是"基期预算法"。由于该方法在调整预算过程中将过去的具体执行结果作为基础依据，所以一定程度上会受到既成事实的影响，导致预算中仍旧存在部分不合理的支出项目。这种方法局限程度大，使得各部门预算间产生了横向"攀比效应"，重数额、轻效益。

2. 缺乏规范的财务预算审批程序

现阶段，有不少高校采用的高校财务制度，是根据自身的具体规模，构建了适合自己发展的财务运行机制，但多数高校的财务预算管控体系及管理制度均缺乏完善性，没有一套齐全规范的财务预算审批程序。关于高校财务预算编制，国家规定是："保证收支平衡、禁止出现赤字预算现象"。然而有部分高校实际上并未根据国家相关要求编制预算，尤其是扩招之后，高校办学规模不断扩大，部分高校出现债务问题。虽然部分高校每年进行财务预算的编制，但未严格按照"两上两下"的预算编制与审批程序办事，执行效果不理想，预算编制成了一种摆设，其自身的作用难以得到全面发挥。

3. 相关职能部门缺乏参与积极性，一味争抢资金

负责高校预算编制任务的通常是财务部门，一般根据其工作经验、习惯进行编制工作，而高校教学、科研、设备等职能部门对预算编制活动缺乏参与积极性，常被动接受学校明确的预算指标，或者出于对本部门利益的考虑，一味地争抢资金，出现了年初争预算、年中加预算、年末超预算的情况。这些对预算的严肃性及有效性造成了极大的影响。

（三）加强高校财务预算管控的对策

1. 落实零基预算控制

随着现代高校业务越来越复杂以及新增项目的逐渐增多，因此必须贯彻落实"零基预算"编制，根据高校实际情况构建科学测算、细化各项开支的标准，根据具体标准对相关人员经费、公用经费、专项经费加以准确核定，采用匹配的技术测定、绩效考核等措施。例如，在学生"三金"问题上可结合具体条件划分为不同的等级，专项资金通过"零基预算法"加绩效考核进行编制，将合理的技术测定方式落实到学校后勤服务经费中，教学部门可按管理的学生数目结合公用经费编制等。加强高校预算编制，不仅能促进高校全面预算管理的发展，而且还有助于提高预算的精确度。

2. 构建科学的预算管理组织体系

要想保证财务预算管理的有效执行，实现预期的效果，就需要高校结合自身规模特点，制定系统完善的预算管理组织体系，清晰划分各级经济责任，强化管理。具体应做好以下几点：设置专门的用于学校党委常委会（或校长办公会、董事会）进行预算管理的最高决策机构，主要负责高校财务预算的批准工作；明确财务部门是高校财务预算管理的职能部门，主要担任总预算的汇总编制工作及决算的编报工作，由财务预算委员会进行相关审议；审计部门应充分发挥自身的监督职能，对高校财务预算编制与执行过程进行有效的审计监督。

3. 完善财务预算管理制度

为了推动财务预算正常执行，高校还要构建一套完善可行的财务预算管理制度。具体要完善：财务预算管理制度、财务预算审批制度、财务预算委员会工作制度等。一套行之有效的财务预算制度，不仅能充分体现出财务预算将高校管理目标作为核心任务，同时还

能保证财务预算在相关法规制度支撑下顺利前行。

4. 健全预算管理体系

预算的健康稳定执行离不开独立和权威性强的预算管理委员会。学校分管的校长或副校长应担任预算管理委员会的主要负责人,财务部门发挥牵头作用,审计部门、科研部门、教务部门、人事部门等积极配合协作,以财务部门为主导负责预算管理的日常工作,领导小组对学校和各部门的预算准确合理性加以分析,科学评价预算资金使用情况,论证学校和各部门进行预算调整的必要性,从而使学校预算管理决策过程具备强有力的依据。只要高校预算得到批复,一般都要严格落实执行,没有特殊情况禁止更改。对于经常性支出项目最好不要调整,如果明确指出需要追加或调整的,要严格按相关的预算管理制度中规定的流程进行,经过学校最高决策部门的审核后交由主管部门与财务部门批准认可。

5. 实施预算支出绩效评价

首先,加强细化各项目的预算编制,并开展中期检查与绩效评价工作,系统考核评价学校当前项目具体支出情况及年终决算中的"项目支出决算明细表",发挥预算指标控制功能,切实保证专款专用。其次,构建完善的预算绩效评价体系,预算执行结果和考核、奖惩挂钩,提高相关人员的工作热情,改变以往重视财政资金投入的现象,加强关注支出效果,实现严肃性、有效性的预算。再次,构建完善的预算管理信息系统,保证财务部门和各级管理部门间能够实现数据共享及有效监控。利用由财务部门设置的财务查询系统,为广大的教职工提供预算执行信息,及时找出存在的问题,强化管理水平及效率。最后,做好预算分析,对预算执行过程实时监控;在预算管理中,预算分析是一项后期工作,主要任务是总结评价预算实施情况,具体涉及有关因素的分析、支出和预算的比较等内容。学校各部门在预算分析后能及时获悉预算管理的合理与不合理之处,优势互补,保证高校财务管理朝着科学化、制度化、规范化方向发展。

综上所述,高校财务预算全面体现了学校的发展战略规划及工作任务的规模方向,对高校任务目标的顺利完成具有重要作用,成了高校财务工作不可或缺的参照物。而预算管理是高校财务管理的核心手段,所以高校要不断提高财务预算的责任、效益、风险、节约几方面的意识,贯彻落实预算管理各项制度,尽可能地实现"开源节流"的目的,保证资金有效利用,从而加快高校稳步发展。

二、高校财务预算执行

(一)高校财务预算执行中的控制要素

高校财务预算执行中的控制要素主要有两类:时间序列控制要素和横向预算执行指标要素。只有通过适当的控制与调整,结合两类控制要素,才能对高校财务预算执行过程实施有效的控制。

时间序列控制要素是指对财务预算执行状况分季度、分月进行控制调整。具体讲就是高校财务预算部门按照时间序列汇总财务预算执行指标，按照高校财务管理部门层级分析财务预算执行指标，对财务预算科目和项目进行统筹调整分析，其中涉及大额资金的财务预算调整应获得校长同意并签字后方可有效。

横向预算执行指标要素主要包含：高校财务预算执行率（包括预算内人员经费执行率、预算内公用经费执行率、预算内项目经费执行率等）、财务预算科目执行偏差率、财务预算和财务执行的时间差、高校财务经费（"三公"经费、差旅费、会议费、劳务费等）执行率。

高校财务预算执行中控制要素的确定，需要结合时间序列控制要素和横向预算执行指标要素的实际状况，分为年度可控预算和年度不可控预算两种。其中，年度可控预算是指在财务预算年度总结前预估可以完成的财务预算，包括财务预算科目可控与项目预算总额可控，高校财务部门应结合财务预算科目可控与项目预算总额可控的执行状况进行相应调整。年度不可控预算是指对年度末项目结转、结余进行提前准备，以完善的项目执行计划指导下年度财务预算执行工作。

（二）转变传统财务预算执行管理观念

随着高校财政拨款规模的增加，高校应积极转变传统财务预算执行的管理观念，以适应高校财务预算执行控制的工作要求。

（1）高校领导人员应在正确认知财务预算执行重要性的基础上，成立专业的财务预算执行工作小组，真正落实高校财务预算执行工作。例如，在高校领导层设立校长负责制，并组建"高道德＋强责任＋高业务"的财务预算工作队伍，充分发挥高校财务预算人员的智慧，通过合理科学的财务预算调查论证，开展高效的财务预算工作。

（2）高校财务预算执行工作思路的转变。例如将传统的高校财务预算管理模式从包干管理方式、单项管理方式转变为项目管理方式、综合管理方式。高校财务预算执行管理中应积极落实做好财务预算项目工作，严格按照财务预算项目工作思路执行，做到专人负责财务预算项目、使用审批、进度监督、效果反馈等工作的统筹管理。

高校财务预算执行管理观念的转变，对高校预算管理的最终决策可以提供科学依据，严格指导高校财务预算执行工作，加强高校财务预算执行考核，避免高校财务预算执行工作的盲目性，加强高校财务预算执行工作的规范化管理。

（三）健全财务预算执行制度

健全高校财务预算执行制度，规范财务预算执行工作流程，强化财务预算执行责任，落实财务预算执行工作。

（1）设立高校财务预算执行报告制度。结合高校财务管理模式，制定高校财务预算执行报告制度，对报告格式、种类、形式、时间、内容和部门要严格、详细制定，定期将侧重点不同的报告内容在高校财务预算执行部门、高校财务预算管理部门和高校财务预算管理委员会等不同管理层级之间汇报。层级越低，报告内容越详细；层级越多，报告内容越概括。打通高校财务预算各管理层级之间的沟通渠道，以报告的形式及时反映财务预算执行状况，实现高校财务预算执行工作的动态管理。

（2）设立高校财务预算执行预警制度。结合高校财务管理模式，制定全面财务预算预警机制，合理选择并科学制定财务预算预警指标和预警范围，以完善的高校财务预算信息沟通系统及时反馈财务预算状况，以便高校财务预算管理人员及时掌握财务预算执行预警信号，帮助高校财务预算管理部门制定预警应对措施；健全的高校财务预算执行制度，将财务预算和预算执行之间的实际状况进行反馈，针对差异探寻原因，实现预算执行情况的动态管理，促使财务预算规范执行。

（四）加强高校财务预算执行审计监督

加强高校财务预算执行审计监督，对高校财务预算执行工作实施全过程动态审计，实现高校财务预算执行跟踪审计。从高校财务预算编制、高校财务预算批准、高校财务预算执行到高校财务预算决算批准等预算全过程实施跟踪审计；对财务预算资金筹集、资金分配、资金使用和资金管理实施动态管理。高校审计部门、财务预算管理部门、财务部门等多部门共同参与管理，在高校信息系统的支撑下严格控制财务资金流动，对高校财务预算建议实行分析审核，对高校财务预算编制实行草案论证制度；对高校财务预算执行实行严格控制，及时发现并纠偏预算执行差异，对预算和执行状况进行及时调整，对财务预算执行实施全面评价审计；对高校财务预算执行实行决算审批制，及时沟通反馈预算执行情况，对财务预算执行全过程给出合理建议，促使财务预算良性循环。

近年来，高校教育作为国家财政支持的重要领域之一，高校财务效益成为社会公众关注的热点问题。国家财政部门和教育部门对高校财务管理提出更高的要求，尤其对高校财务预算更是提出实施精细化管理的要求。但高校财务预算精细化管理并非一蹴而就，需要转变财务预算执行管理理念、健全财务预算执行制度、加强财务预算执行审计监督，不断总结财务预算执行中的经验教训，实现财务预算执行的准确性。

第二节　高校财务"目级预算与控制"管理

高校财务精细化管理和财务信息公开的推进，促使高校在财务预算与核算改革方面需要有新的突破。《高等学校会计制度（征求意见稿）》进一步细化了高校会计核算制度，明晰了事业单位核算标准和方法，加强了高校教育成本核算。"目级预算与控制"应现代高校财务管理环境的变化而生，为高校财务预算管理和经费绩效考评提供了新的思路。

财务预算是高校财务管理的重要内容。长期以来，高校财务预算与会计核算脱节，导致资金预算估计不足，财务预算松弛，经费调整随意性增大，会计核算监管不足，财务预决算差异较大。近年来，高校教育成本核算逐步深化，绩效财务观念深入人心，切实加强高校预算管理已成为实现高校有限资源的优化配置和提高资金使用效益的重要任务，也是适应当前国家加大教育经费监管，提高经费使用效益的根本要求。

一、高校财务预算管理研究回顾

一直以来，高校财务预算管理是社会较为关注的问题。自 1999 年以来，我国先后出台了《教育法》《预算法》《事业单位财务规则》《高等学校财务制度》《国家中长期教育改革和发展规划纲要（2010—2020 年）》《高等学校会计制度（征求意见稿）》等一系列法规制度，逐步明确了高校预算的管理体制、原则、编制、决算等内容，建立起"以财政拨款为主、其他多种渠道筹措教育经费为辅"的体制，从体制上为高校实施综合财务预算奠定了基础，确立了高校预算的基本模式。学界对高校财务预算管理也做了不少研究，从不同角度探讨了高校财务预算中存在的问题，提出了各种解决的思路和办法。总的来说，主要集中研究了高校财务预算管理模式、财务预算管理方法、财务预算精细化管理等方面。

（一）预算管理模式

刘海峰、李霁友将我国高校财务预算管理改革划分为预算创建、调整阶段，预算改革、巩固、提高阶段，预算深化和不断完善阶段，针对不同阶段他们提出了计划经济体制下单一的财政拨款支出预算模式，社会主义市场经济体制下的校级综合财务预算模式，知识经济时代由校级综合财务预算向涵盖学校除基建、产业外全部资金收支过渡的综合财务预算模式。美国学者卡尔·坎道里和加里·沃根克在《学校预算和你：学校校长启蒙书》中提出了校本预算模式，将战略管理思想与预算管理模式相结合，构建全新的高校财务预算模式。

（二）预算编制方法

一般而言，预算编制有基数预算、弹性预算、滚动预算、零基预算、复式预算等方法。长期以来，高校财务预算编制基本依据"基数＋增长数"，往往因基数的过于固定和增长数的估计不足导致年度预算与实际决算差距较大，预算调整频繁。随着高校财务预算研究的深入，在预算编制方法上有了进一步地改进。赵善庆提出高校预算应当实行以零基预算为主、滚动预算为辅的预算编制方法；杨爱平等介绍了零基预算管理定额计算法、成本效益分析法等具体编制方法；刘锦明引入了全面预算管理的理论与方法；刘丽提出高校预算编制须引入绩效预算。

（三）预算精细化管理

精细化财务管理是高校财务管理发展的必然趋势，而精细化预算是其中重要内容。黄婕等提出高校财务预算精细化管理，落实到每个部门和项目，建立全面的工作流程和业务规范，发挥预算职能。赵善庆指出高校财务预算要遵循"大收大支"原则，构建"全口径"预算，同时也要做到精细化管理，细化预算编制内容，提高资金效益。

然而，由于受诸多历史因素的影响，我国高校财务预算管理仍然存在不少问题。例如预算部门责任不明确，经费申报信息不对称；预算编制方法缺乏科学性，编制手段落后；预算指标不确定因素较多，随意性控制弱；预算调整频繁，执行缺乏严肃性；预算绩效考核不完善等。因此，进一步探讨高校财务预算，改进预算管理方法和手段，对加强经费预算管理，提高资金使用效益有着积极的意义。

二、"目级预算与控制"的提出

2007 年，我国政府收支分类改革迈出了重要一步，财政部门按照新的政府收支分类科目进行预算编制，标志着我国财政预算体制改革不断走向深入。根据 2007 年正式实施的政府收支分类改革，我国现行收入、支出分类采用了国际通行做法，收入分为"类""款""项""目"四级，同时使用支出功能分类和支出经济分类两种方法对财政支出进行分类。支出功能分类科目按由大到小、由粗到细分"类、款、项"三级科目。以教育类为例，比如类级科目为"教育（205）"，款级科目有"普通教育（20502）、职业教育、成人教育……"（10 个款项），而项级科目中普通教育有"……高等教育（2050205）、其他普通教育"。而政府支出按经济分类（费用性质、用途及管理需要）分为基本支出、项目支出、经营支出等支出。基本支出、项目支出按经济分类进一步细化为工资福利支出、商品和服务支出、对个人和家庭补助支出、债务利息支出，基本建设支出等相关支出。

2009 年 8 月 31 日，根据财政部印发的《关于推进财政科学化精细化管理的指导意见》相关规定"细化预算编制，提高预算年初到位率。细化基本支出和项目支出预算编制，逐步实现'一上'预算编制全部细化到'项'级科目和落实到具体执行项目……使项目预算做到实、细、准。"同时，要求"对教育、医疗卫生等涉及民生的重点支出，细化到所有'款'级科目。对其他支出也要加大改革力度，逐步列示到'款'"。政府支出经济分类细化到类款两级，使得经费支出落实到具体的支出内容。比如：工资福利性支出划分为 301 类，而其相对应的"款"划分为 01 基本工资、02 津贴补贴等。

由此可见，"目级"概念源于政府收支分类科目中收入科目"类款项目"四级中的"目级"，相当于政府支出分类"款"的名称，同时也与会计科目中的"目"相近。"目"包含三层含义，一是政府收入分类的"目"，是预算级次概念，表示最明细的意思；二是借用政府支出"款"的名称，表示费用名称，实现会计核算与预算科目统一；三是会计核算科目中的"目"。"目级控制"意味着对经费支出的具体经济内容进行控制，以更好反映、监控预算经费的流向。

会计科目的直接法核算与会计科目的辅助核算：

会计科目是会计核算的基础，是根据不同的经济内容对高校资产、负债、所有者权益、收入、支出等会计要素做进一步分类的类别名称。每一个会计科目明确反映一定的经济内容，科目和科目之间在内容上不能相互交叉，它分为总账科目（一级科目）、明细科目（二级、三级……）。会计科目按经济分类确定类别名称，与上述政府支出经济分类的类款相对应，因此使财务预算与会计核算实现对接，便于预算下达、执行，做到预算编制准确、科学，同时也便于财务决算。为了满足核算和监管需要，一般高校财务都设立了会计科目辅助核算项目，即每个会计科目设置与之相对应的若干辅助项目，例如部门、项目、数量、外币核算等，辅助项目对所设会计科目进行更为明细的项目核算，这些项目是会计科目监管职能的延伸，从而有利于实现经费分配。值得一提的是，会计科目辅助核算与预算编制、预算管理、预算指标下达中的部门、项目相对应，实现预算管理与会计核算有机结合，从而有利于对经费监控力度和财务信息质量的提高。

三、"目级预算与控制"的意义

随着《国家中长期教育改革和发展规划纲要（2010—2020年）》和"十二五教育发展规划"的实施，国家财政资金预算管理体制改革逐渐深入，生均财政拨款逐年递增，同时国家对高校经费监管力度的增大，积极推进"三公"经费公开制度，加快高校公务卡业务的推广，经费绩效考评纳入议程。探索和改进高校预算管理方法，重视会计核算基础，提高财务信息质量已迫在眉睫。目级预算与控制是适应现代高校发展需要和财务管理上升到新的阶段的客观需求。

（一）加强预算资金核算，规范会计核算监管

长期以来，高校财务预算"两张皮"，预算脱离学校实际，缺乏科学论证和调研，预算收入增长估计乐观，预算执行松弛，资金成本效益意识淡薄；预算与会计核算脱节，监管不足，经费使用随意性突出，人员经费和招待费支出比重较大。而"目级预算"在于细化预算，根据一定的比例，将可预算经费按照刚性支出项目和计划使用项目做进一步划分，限定到用途的类别。"目级控制"则强调在执行目级预算方案中，通过设定的指标限制来对经费支出进行监管，防止超预算经费支出。

（二）财务信息公开，促进财务信息透明化

近年来，高校财务信息公开成为国家和社会关注的问题，"三公"经费则是高校财务信息公开的重要内容。由于财务预算与核算的脱节，高等学校会计制度本身的不足，在日常会计核算中，经费收支信息归集往往存在模糊性，使得财务信息质量受到较大影响，同时也不利于对经费的管理和绩效考评。目级预算与控制通过预算编制手段，对经费的使用方向进行了条件设定，并对经费支出的内容和标准做了规定，确保了财务信息的准确性、透明化，也便于财务信息的及时提取和分析。

（三）适应高校财务精细化管理的需要

2009年8月31日，财政部印发《关于推进财政科学化精细化管理的指导意见的通知》，要求实现财务科学化、精细化管理。目级预算与目级控制是经费管理预算和会计核算精细

化的基础。目级预算与目级控制利用财务信息化手段，将经费分配与核算细化到"目"级，经费预算中对各种项目经费的使用额度进行了测算，并通过核算控制对经费使用把关，最大限度地对经费进行跟踪监控，从而提高资金效益。

四、"目级预算与控制"应用中应注意及有待解决的问题

（一）"目级预算与控制"应用中应注意的问题

目级预算与控制的应用，切忌"一刀切"，注重要区别对待处理经费项目。一般而言，目级预算与控制内容主要包括商品和服务支出项目、工资福利性支出和其他经费支出等。

1. 商品和服务支出项目

商品和服务支出项目是指事业单位在履行智能活动过程中，购买商品（不包括形成固定资产的商品）或接受服务（不含固定资产购置、建造服务，如设备安装、基建施工）而发生的财务支出。商品和服务支出与"三公"经费紧密相关，是国家重点监控的内容。商品和服务支出项目实行目级核算后，需要设置办公费、招待费、差旅费、公务用车费、会议费、培训费、出国费、劳务费和其他等目级科目。对基本支出的教学单位基本业务费、其他业务费，教辅单位业务费、管理部门的公务费按固定比例安排。鉴于专项支出经费专款专用和严格绩效考评的因素，可按经费使用方向进行科学论证，按 A、B、C、D 优先排序，对预算安排额进行拆分，分重点和次重点予以监控。

2. 工资福利性支出

工资福利性支出是指单位支付给在职职工的所有现金（含银行转储款）或以现金形式的劳动报酬，包括工资性支出与福利性支出两个方面。由于工资福利性支出（基本工资、津补贴、绩效工资、其他人员支出）、对个人和家庭补助支出（离休费、退休费、助学金、医疗（保）费、住房公积金）等项目。因政策标准或考评标准的执行，贯彻专款专用原则，以及项目的不可细分和互斥性，具有控制功能，可在当年预算中不再编制比较明细的目级内容预算。

3. 其他经费支出

其他经费支出如债务利息支出、基本建设支出、其他资本性支出（自筹基建、土地购置、设备费、图书费、修缮费、软件系统）及其他支出，属于专款专用范围，有可依据的标准，可在当年不再编制比较明细的目级内容预算。

目级预算与控制并不针对所有经费，比如单列的目级名称才控制，"其他"不控制；对以往年度结余经费不进行目级内容分解及控制；部分项目只涉及部分目级科目（如无公务用车的部门，或某个项目，如保安工资、师资培训费、招生费），没有涉及的目级费用原则上转至"其他"费用中；目级额度之间原则上不得调剂。

（二）"目级预算与控制"应用中有待解决的问题

1. 预算经费各目级分配比例的科学合理性

目级预算改变了过去对公用经费、业务经费划块预算，细分成办公费、差旅费、资料费等经费支出项目。然而，各项目之间的分配比例如何确定，有待进一步研究。即使以某学院或某职能部门以往几年的历史数据分析出的比例，每年除常规性的业务支出外，仍然存在多种不确定因素，包括外在的对外交流业务增加、仪器设备折旧期限满、学科建设发展、学院年度工作重点变化，以及经济发展水平、物价水平等因素。

2. 目级预算和目级核算的信息初始化

目级预算指标的下达意味着目级核算经费的划拨。然而由于目级预算形成的经费分配的细化，面临较大工作量，如何将目级预算指标数批量导入目级核算的目级科目下，则是当前有待解决的技术问题。主要包括两个方面：一是升级原有的会计账务系统，按照新的会计制度重构增设目级科目名称及编码；二是在原来的一个预算项目下新设数个目级名称及目级码，并按目级名称、编码及指标额度划转到会计核算对应的辅助核算项目中，妥善处理以往年度的财务数据。

3. 重新核定新会计核算环境下的报账要求

目级预算与控制的应用，需要新的会计核算环境奠定基础。主要包括：（1）重新设置、印制费用报销单，增设目级科目栏目；（2）经办人按目级内容及额度填报；（3）严格按费用性质所属的目级进行审批和账务处理；（4）项目总额度不得超支，各目级科目额度不得超支，由计算系统自动控制。

第三节　新财务规则下高校预算编制控制

新《事业单位财务规则》的出台，对高校预算编制控制提出了更高要求。本节针对新财务规则要求，结合高校预算编制实践中存在的问题与面临的风险，提出细化高校预算编制内容、格式和建立项目库、推行滚动预算两种预算编制控制方法，以解决高校部门预决算与校内预决算衔接程度差以及财政经费使用效益低下等实际问题，并使其具有可操作性。

2012 年 4 月 1 日起执行的新《事业单位财务规则》明确规定："合理编制单位预算，严格预算执行；完整、准确编制单位决算，保证决算数据的真实、准确；建立健全支出管理制度，提高资金使用的有效性。"无论是决算数据的真实、准确，还是资金使用效益的提高都离不开预算管理。预算管理是高校财务管理内部控制的重要内容，是科学安排资金来源与支出、提高资金使用效率的重要手段。高校预算管理存在的问题，大部分是预算编制过程中出现的问题，但是目前对于这些问题的探讨和研究仅仅停留在表面，没有从预算编制的实际操作角度进行深层次的挖掘。因此，本节针对高校预算编制控制实践工作中遇到的实际问题，从预算编制控制方面提出几种解决目前高校预算编制控制的问题的方案。

一、高校预算编制控制的要求

高校预算控制分为广义预算控制和狭义预算控制。广义预算控制是指通过对预算的编制、审批、执行、调整、分析、考核等环节实施事前、事中、事后全过程的控制。狭义预算控制是指利用预算对经济活动过程进行的控制。预算编制控制作为广义预算控制的事前控制，是预算控制的首要环节，对发挥高校预算控制的作用至关重要。预算编制控制应明确预算编制前的准备工作、预算编制依据、预算编制方法、预算编制程序等内容。预算编制前需全面分析上年度预算执行情况、准确掌握相关基础数据、收集和分析影响预算期收支的有关信息以及正确掌握预算编制的要求，明确人员经费和公用经费采用定员定额管理制度和固定预算、弹性预算、增量预算、零基预算、滚动预算等不同预算编制方法的选择等。

二、高校预算编制控制存在的问题与面临的风险

目前，由于受现行会计制度、财务制度及部门预决算编制软件系统的限制，高校普遍编制两套预决算报表，一套上报上级主管部门，另一套用于学校内部执行使用。上报的预决算报表可执行性差、决算数据的准确性难以保证。

（一）高校预算编制控制存在的问题

1. 部门预决算和校内预决算衔接程度不够

现行高校统一使用的部门预决算报表软件系统，有其自身的特点，其格式和内容固定。部门预算管理系统（1.0 单位版）按科目——收入来源进行收支预算，不涉及财政补助专项经费收支预算。部门决算软件系统，支出内容划分比较细，既要求按资金来源支出，又要求按项目支出，并且都要明细到科目。

部门预决算报表软件由财政部门统一规定和使用，任何高校都无法改变其内容和格式。这就要求高校编制校内预算时，应根据部门预决算的要求尽可能细化预算，使其和部门预决算有效衔接。但是绝大多数高校编制的校内预算仍然是粗放型的，收入预算不完整、金额趋于保守，支出预算往往只按照归口部门和项目进行支出预算，既不按资金来源细分，也不按科目细分，项目支出预算指标论证不充分，缺乏民主程序，缺少实际调研，甚至只报一个总金额，造成预算金额和实际金额差距较大。部分项目申报批复后，不实际执行，使用效率不高，造成大量的资金结余，甚至项目申报金额远大于招标价格，且招标透露预算金额，使招标者抬高招标价格。

2. 预算编制方法不完善

部门预算编制方法的改革，使高校预算编制方法由"增量预算"法向"零基预算"法过渡，形成"零基预算"和"增量预算"相结合的预算编制方法。这种预算编制方法在高校预算编制中发挥着一定的作用，但是随着近几年高校资金的迅速增长，单纯使用"零基预算"和"增量预算"相结合的预算编制方法，不再适应高校教育事业的发展。按照"收

入预算，积极稳妥"的预算编制原则，高校在编制收入预算时，对于非经常性的、不确定因素的收入不作为预算收入。在这种预算编制原则的前提下，高校收入预算往往趋向于保守，特别是专项经费，只预算保留性、常规性专项金额，实际到账金额与预算金额相差较多。而现行"零基预算"法和"增量预算"法无法解决超预算收入的支出问题。于是这些未计划到预算中的经费，只能沉淀在财务账中，造成年度结余过大和资金使用效益的降低。

（二）高校预算编制控制面临的风险

由于高校预算编制不细化等问题导致高校预算编制控制面临一系列的风险。首先，部门决算数据不真实、不完整，误导报表使用者，使其决策失误，造成损失。其次，导致违反财经法律法规的现象不断发生。申报预算时，不法分子通过虚增临时工工资、巧立项目名称等方式，利用虚假发票、序列支出等手段套取财政资金。最后，临近年终时为了加快预算支出进度，"突击花钱"等现象，造成学校资金流失严重、使用效益低下，无法达到依法理财的要求。

三、新财务规则下高校预算编制控制方法的构建

为满足新财务规则要求，高校应从细化校内预算编制内容和格式；建立项目库，推行滚动预算两个方面构建新财务规则下高校预算编制控制方法。

（一）细化校内预算编制内容和格式

细化预算编制是进行预算编制控制的重要基础，也是高校预算改革的重要方向之一。高校应按照支出经济分类科目、资金来源细化预算尤其是项目支出预算。具体要求高校在编制校内预算时，需根据当前部门预决算报表软件系统的特点，结合高校的现实情况，本着细化、完善的原则，以部门预算的数据为基础，进一步细化；并按照部门决算报表格式的要求细化校内预算编制内容和格式。

（二）建立项目库，推行滚动预算

为解决高等教育投入不足、经费紧张以及最近几年高校专项经费支出进度缓慢、资金沉淀较多等问题，高校应建立项目库，推行"滚动预算"。"滚动预算"又称连续预算或永续预算，是指在编制预算时，按照"近细远粗"的原则，随着预算的执行不断延伸补充预算，逐期向后滚动，使预算期始终保持为一个固定期间的一种预算编制方法。高校应分类、分时段建立滚动的项目库，项目库分为项目储备库和项目执行库两大类。经审批或审定给予专项资金支持或纳入年度预算进行建设的项目，进入项目执行库进行专门管理。已申报但未获批准给予专项资金支持或未纳入高校年度预算进行建设的项目，按照轻重缓急依序建立项目储备库。这样，在年度预算执行中，高校可根据省级及以上经费拨款增加情况，随时从项目储备库中提取申报专项进行预算支出，既保证教学、科研的顺利进行，又不致专项经费沉淀较多，造成浪费。

四、新财务规则下高校预算编制控制方法的实现

高校预算编制控制作为预算控制的事前控制，其控制方法的实现依附于事中、事后控制。一旦年度预算指标分解下达后，就需各部门严格按照预算执行，财务部门做好事中监督和事后考核工作。同时有条件的高校应利用信息化的手段进行预算管理，使预算管理系统与财务核算系统对接，预算执行过程中直接利用信息化手段进行控制和监督。没有使用预算管理软件的高校，需预算执行部门、审批领导、财务报账人员花费更多的时间和精力人为去控制和监督；对不符合预算执行要求的支出，坚决不予审批和报账。年终财务部门对预算执行情况进行分析和考核后，有针对性地进行奖励和惩罚。

第四节　高校财务预算管理的全过程控制

高校财务预算管理是财务活动的核心和依据，是确保实现教学、科研等各项业务目标的重要手段，其准确和科学程度，同高校教育事业的发展密切相关。

高校财务预算管理是一个系统工程，它贯穿于高校预算编制、执行、监管和考核的全过程。随着我国高校经济体制改革的不断发展，预算管理的作用越来越重要。同时也暴露出重分配、轻管理，编制准确度不高，执行不到位，考核监督不力等问题，严重制约高校的建设与发展。因此，加强财务预算的全过程控制，规范单位的管理控制，明确各级责权和考核依据，构建科学、合理、有效的预算管理体系，使财务预算的编制、执行与绩效考核的管理更具合理性和可操作性。对最大限度地提高财务管理水平和资金使用效益，实现高校有限资源的合理配置具有十分重要的意义。

一、对财务预算编制的科学性控制

预算编制是预算管理过程中的首要一环，是预算管理的前提和基础，务求其科学与合理。但纵观各高校预算编制，其科学性仍不完善：一是财务预算管理组织体系薄弱。很多高校虽然建立了预算管理委员会，制定和建立健全了预算编制程序，制定了相关的规章制度，但是未能发挥其应有的作用，甚至部分预算项目直接或间接改变用途和使用方向。二是预算编制方法不够科学合理。目前我国高校部门预算编制均由学校财务部门完成，大部分高校大都以上年度收支为基数，结合多年收支影响因素来确定当年收支计划，由于预算安排的"先天不足"，致使其执行过程问题不断出现，调整、追加经费的现象较为频繁，削弱了预算管理在财务管理中的重要作用。三是缺乏量化分析和科学论证。作为预算编制主体的财务部门缺乏对客体即基层的调研和了解，未能对预算项目进行细化指标分解，许多项目并没有经过可行性论证和绩效评估就安排了预算，有相当一部分专项资金在部门预

算中未做论证，在执行中缺乏充分理论依据，致使预算编制处于一种随意和盲目状态，难以起到很好的事前控制作用。四是预算编制数字不准确。缺少预算编制的可靠依据，本单位收入、支出数字不准确，容易出现一部分职能部门和项目资金囤积，而另一部分职能部门和项目资金紧缺，需要追加预算的不正常现象，使预算编制偏离了财务计划的轨道。笔者认为，必须从以下几个方面加强对财务预算编制的科学性控制。

（一）建立科学的预算控制组织体系

为了有效地进行预算控制，高等学校应建立健全以预算管理委员会为主体的校（部门）二级预算管理体制，实行预算分级分口管理责任制。明确规定各级组织、各部门在预算管理方面的职责和管理内容，形成科学的预算控制组织体系。

（二）健全科学的预算控制管理制度

科学、合理的财务制度是顺利开展财务工作的必要前提。为避免预算编制中的盲目性和随意性，必须通过高校内部预算管理等制度及相关实施细则的制定，明确预算的收支范围、编制程序、编制原则和方法，预算执行和调整的具体规定，明确学校与下属学院（部门）各自在预算编制和执行中的职责和权限，使整个学校预算管理工作，如预算收入的取得、预算支出的使用以及预算的追加和调整等各个环节都有章可循。

学校应组织召开预算工作会议进行动员部署，提出明确的工作任务和编制的具体要求。学校财务处应对参加具体预算工作的人员进行培训，建章立制，统一认识，统一做法，使预算管理工作进入程序化、制度化的轨道，有效提高预算的质量和准确性。

（三）采取科学的预算编制办法

预算编制的科学程度决定预算的正确程度。一是预算编制应坚持"量入为出，收支平衡"的原则。收入预算既要贯彻积极稳妥的方针，又要坚持资金来源多样化，使自筹收入尽可能地逐步增长。项目支出预算要充分体现高等院校事业发展的规模和方向，尽量加大教学和科研的投入力度，为全面改善办学条件、提高教学质量服务。二是预算编制要有准确、可靠的基础信息与数据。高质量的预算编制是建立在大量准确、完整和及时的基础信息之上的。因此，高校要建立包括预算数据库和项目库的预算管理信息系统，广泛收集、整理各种与预算有关的基础信息与数据，逐一加以核实，使财务预算建立在准确、可靠的基础信息与数据上，从而把预算编细、编实、编准。三是组织科学论证。要选择职业道德良好、责任心较强及业务能力较高的财务、审计等专业管理人员组织专门的分析论证工作，充分发挥专业人员的集体智慧和监督作用，使预算指标可以更为客观、合理、准确。四是坚持广泛参与、公开透明的原则，积极按照自上而下、自下而上的程序，调动师生员工的积极性。

（四）科学划分预算控制科目

为了增强预算真实性和严肃性，要不断完善预算科目，各部门将所有收入和支出要全部细化到具体项目。在编制预算时，将各项财政收支分解落实到预算单位和具体人身上。收入科目要反映财政拨款、预算外资金、非税收入等具体情况，支出科目应能反映资金的最终用途。工资福利性支出、商品和服务性支出、个人和家庭补助支出、项目经费都要有相应的科目，以利监督预算的执行。

二、对财务预算执行的约束性控制

高校预算一经确定，应具有严肃性和权威性，预算执行部门应严格执行，不得随意变换或调整。但从目前高校的实际状况来看，预算执行控制机制还相对薄弱。虽然一些大型的专项开支，经过了高等院校审计部门的审计，但对于零星的、进度时间长而累计支出又大的项目则缺少监督，尤其是对预算下达后的执行进度缺乏跟踪、分析，监督和考核，并导致了问题的出现或造成浪费现象。另一方面，大多高校在预算执行、调整等方面没有相应规范的制度，分层控制机制还不够完善，预算管理责任也没能做到层层落实，没能对预算执行过程实施跟踪监控和指标查核，没能将各部门的预算执行情况和进度信息及时进行反馈。因此在预算的执行过程中，支出很少受到预算的约束。部门预算项目直接或变相改变用途、强行打破预算以及费用开支超标准的现象时有发生，从而费用得不到有效控制，大大削弱了预算约束力。要改变这种状况，必须对财务预算执行的约束性控制。

（一）强化监督约束力

一是审计监督约束。即由学校审计机构定期对全校的预算目标完成情况进行全方位审计，包括对各预算责任单位财务收支情况、各预算管理机构的管理效果等。二是网络监控约束。即建立高校预算管理网络系统，对学校各单位、各部门用款计划实时监控，对于执行中出现的某些特殊情况，及时编制追加调整预算，并进行审核，严格控制资金流向，一旦发现超预算或无预算用款现象，系统立刻自动提出预警或禁止信息，并及时将学校及其下属各部门的预算执行情况传递给学校决策者和责任单位，使他们能及时掌握第一手资料，尽快作出相应决策，以保证预算计划能顺利完成，自上而下形成一套层层控制、层层畅通的信息传递与反馈网络。

（二）强化审批约束力

坚持在预算权限内的"一支笔"审批制度。各经费申请单位负责人要对申请经济业务的合法性负责，按规定权限审定签发经费申请的校级领导必须检查所处理业务的合法性与真实性，并对其合理性、完整性及用款进度负责。财务部门必须以原始凭证和资金运筹情况作为审批依据，并对所发生的经济业务的合法性、资金运作以及原始凭证的合理性负责。学校各单位的经费审批，必须限制在年度财务预算或财务收支计划数额范围内，特殊情况下的超计划经费应按照规定先申请调整预算，经批准后按规定执行。在预算执行中，领导要带头维护预算的权威性，自觉执行有关规定，坚持原则，抵制一切无预算、超预算开支现象，不随意调整预算。

（三）强化会计核算约束力

高校应根据本校实际情况和内控要求，制定完善岗位责任制、内部稽核制度、现金和票据管理办法、日常开支审批规定、结算中心核算规范、科研项目经费管理办法、学科建设经费使用办法等，并贯穿于预算管理的全过程。要严格根据预算确定的支出项目、使用范围、支出额度等要求，合理控制支出，防止弄虚作假和无预算或超预算的开支项目的发生。对二级拨款单位不得以预算数和计划数列支。共建专项资金、科技三项费用等特定和专门用途资金，应严格按照项目使用范围专款专用，做到经费的支出过程与预算的执行同步发生，同步控制。

三、对预算绩效考评的激励性控制

财政部《2009年工作要点》第25项重点工作"严格预算管理"中强调，扩大绩效考评试点范围，加快构建预算支出绩效考评机制。可见"绩效考评"在预算管理方面的重要地位和作用。

目前，大多数高校尚未建立一套完善的预算执行的分析考核制度和相应的奖惩措施，有的高校虽然制定了严格的规章制度，落实却不够到位，缺乏预算责任追究机制，没有建立相应的奖惩制度。有些高校的预算评价体系不够严谨，难以据此对各项费用支出加以有效控制，造成财务目标与财务预算的严重脱节。同时，预算考核流于形式。年终考核一般由财务部门根据预算的执行数与定额数进行对比，用超预算与不超预算作为评判标准，方法过于简单。预算执行结果未能与经济责任人的经济责任挂钩。年度预算执行完成后，既对经费支出和节约经费的良好单位不进行奖励，对违规使用经费的单位也不进行处罚，不利于调动合理使用经费部门的积极性。

有些高校的高层管理人员带头违反预算执行过程中的制度，致使权责名存实亡。加之被考核部门在预算考核监督的各环节上对整体预算评价的不配合，使预算缺乏严肃性，资金投向盲目，造成教育资源的严重浪费。因此，建立预算执行分析与考核监督机制势在必行。

（一）建立预算绩效考核激励机制

全面引入绩效管理的理念，将预算管理纳入各职能部门的工作考核，在优化预算资金分配的同时建立完整的预算执行考核制度，将预算执行考核作为绩效考核的重要内容，与其工作任务、业绩和经济效益紧密结合，考核各学院、部门预算执行的真实性、合法性、科学性和效益性等。同时，制定相应的绩效考核办法和奖惩措施，就各部门及员工实际预算完成情况及其工作业绩作出评价，对积极增收节支、预算方案执行良好、资金效益高的部门和个人，给予一定的精神和物质奖励；对预算方案执行差并造成经济损失的部门和个人，给予通报批评。

（二）设立预算绩效考核管理机构

高校应设立下属预算管理委员会的考核机构，专门负责预算业绩的评价考核工作。并制定一整套科学、合理的评价方法和评价标准，采取定性分析与定量评判的方法，针对大的预算项目和重点开支及部门的包干经费，设定不同的考核指标体系和评价标准。同时，结合对各部门预算执行情况的考核，制定相应的配套奖惩措施，通过评价与奖惩结合，形成管理规范、约束力强、讲求绩效，适应高校发展的预算管理新机制，充分调动学校内部各方面强化预算管理的自觉性，促进预算管理水平与效益的不断提高。

（三）实行预算项目追踪问责制

高校应将预算经费追踪问责制度化，要制定校长、财务处长、二级单位财务负责人和基层财会人员等多个层次的责任制，将财务监督的内容分解到财务、审计、监察、人事、教务等部门的具体责任人，并与业绩考核相结合。考核机构应定期对预算执行情况进行分析、研究。检查其收入是否全部到位，各项收支是否合理合法，各项收支定额、收支标准执行情况如何，支出是否控制在预算之内。特别是对大的预算项目和重点开支及各部门的包干经费，要考核经济活动的真实性、合法性，经营决策的科学性、效益性。对不履行监督和管理职能的部门和个人进行责任追究，对发生经济损失的责任人追究其相应的责任。

第五节 高校预算管理财务风险控制

财务管理活动是高校管理中的一项重要内容，其行为本身不可避免地会产生风险，但目前对高校财务风险的认识还很不充分。本节结合高校的制度文化及资金运动特征，对我国高校财务风险的主要表现形式及产生机理进行分析，探讨预算管理在高校财务风险控制中的功能，提出在公共预算改革的框架下我国高校预算管理创新的一些看法。

一、高校财务风险的范畴

财务风险概念产生于企业财务管理领域，是指企业在进行财务活动的过程中获得预期财务成果的不确定性，鉴于企业财务活动包含筹资活动、投资活动、资金回收活动和收益分配活动四个方面，相应地财务风险可划分为筹资风险、投资风险、资金回收风险和收益分配风险。高校的财务本质和具体财务活动环节与企业并无差异，为了维持组织的运行，高校同样需要开展资金的筹集、投资、回收和分配活动。在这些活动过程中，由于各种不确定因素的影响，必然会发生实际收益与预期收益发生偏离，从而造成损失的可能性。因此，高校的财务风险范围应涵盖整个财务活动过程，即在高校资金活动过程中相关财务活动的每个环节均会产生风险。基于这种全面的认识，才有利于我们在高校的财务风险管理活动中实现全面风险管理，防范各种可能出现的风险。

二、高校财务风险的主要表现形式及产生机理

通过结合高校的制度文化及资金流动特征，对高校财务风险的主要表现形式及产生机理进行分析，对下一步风险控制方法的选择具有重要的意义。本节将根据高校资金流动的轨迹和财务活动的主要环节进行分析。

（一）"被动"筹资及筹资能力不足

当前我国高校的筹资风险主要表现为筹资能力不足引发的教育资金供需之间的矛盾。受国家政策限制，我国高校资金来源单一，筹资渠道与筹资方式尚未市场化，处于一种"被动"筹资的状态。《中国教育统计年鉴》与《中国教育经费统计年鉴》数据表明，2005年到2009年我国普通高等学校学历教育学生规模总量不断扩大，其中毕业生数、招生数及在校学生数分别增长了74.43%、27.66%、37.69%，同期普通高等学校教育经费支出数及收入数也呈逐年增长趋势，但收入增长数低于支出增长数，如2008年教育经费收入在2005年的基础上增加了65.09%，年增长率为21.7%，同期教育经费支出增加了76.7%，年增长率为25.57%。高校教育经费收入来源中，国家财政性教育经费与事业收入（主要是学杂费收入）占绝对比例，两者比例基本持平（2007年事业收入甚至超过了国家财政性教育经费），合计占到每年高校教育经费收入总额的90%以上，社会办学经费来源仅在2005年达到了7.06%，其他几年均不足1%，社会捐赠一直未超过1%。

（二）资金使用效率低下

高校资金使用效率低下主要表现在资金配置效率及运行效率低下两方面。对于任何组织来说，资源都是有限的或者说稀缺的，因此资源配置的有效性问题是投资风险的主要表现形式。我国部分高校资金配置效率低下表现为学科设置上"热门"专业泛滥，基础性的"冷门"专业却不断萎缩，一味追求"大"而"全"的办学模式，低成本专业无序扩张，人才培养与社会需求相脱节等。究其根源，部分高校在资源配置上缺乏战略性思维是导致投资风险的主要因素，部分高校普遍缺乏明确的战略定位，使资源内部配置功能缺失，导致资金使用效率低下的同时导致办学质量下降，这必将对高校未来的发展带来严重的后果。同时，资金使用过程不透明和缺乏资金使用效率考评机制，使资金在实际应用过程中缺少监督与控制机制，也是高校资金运营效率低下的主要原因。

（三）薪酬体系不合理

高校是一个以支出为特征的非营利性组织，其收益分配主要体现在校内教职工的薪酬分配上，这也是高校经费支出的主要组成部分。高校也是一个人力资源聚集的地方，大量高学历、高知识的人才汇聚形成了一个最具思想活跃性的群体，这一群体作用的发挥需要完善的激励机制。当前高校收益分配风险主要表现为教职工对薪酬分配方案的公平度意见大，满意度低，难以起到激励的作用，直接影响到高校办学的质量，原因主要就在于激励

机制不完善，缺少一个合理的人才（质量）评价机制及与之匹配的薪酬体系。从某种意义上说，这也是高校资金使用效率低下的一种表现。

三、预算管理在高校财务风险控制中的功能

从上述分析可以看到，当前我国高校财务风险主要表现为筹资能力不足和资金使用效率（包括配置效率及运营效率）低下两种形式，前者主要源于高校资金来源单一，政府投入又没有完全到位；后者则源于高校缺乏明确的战略定位，使资源内部配置功能缺失，同时，在资金使用过程中缺少应有的控制与监督。由于前者更多属于高校无法控制的制度性因素。因此，以战略性思维对高校有限资源进行有效配置并建立良好的内部运行机制是目前保证我国高校发展的一种更为现实性的选择。

从预算管理的基础功能来看，预算管理是对预算资金的筹集、分配和使用进行的组织、协调、控制和监督，其核心在于调动资源的配置及运用，从而使得组织内部资源获得最佳的使用效率。高校作为以支出为主要特征的非营利性组织，预算管理是其最重要的管理方式，它对规范高校财务管理、调节高校财务收支具有重要作用。在当前高校普遍存在投入资源有限的情况下，预算作为资源分配的重要工具，本质上是以货币来传递组织政策和行动计划的一种表达方式，是实现组织内部资源配置以适应组织战略发展规划的关键性的制度保障。实践中，预算管理可进一步发展成为一种兼具控制、激励、评价等功能的综合贯彻高校战略方针的运行机制，以高校的战略目标为起点，将其资源配置以预算的方式加以量化，明确界定各个管理部门及层次的权限和责任，并具体通过预算目标的分解、编制、执行、控制、评价与考核等业务流程，来实现高校的战略和计划目标，化解高校财务活动各环节中的财务风险。

四、基于财务风险控制的高校预算管理改进

从预算管理的具体流程来看，包括了预算编制、预算执行、预算监督与评价和预算活动的组织四个主要环节，本节从财务风险控制的角度，对这四个环节的改进进行分析。

（一）预算编制

预算编制是预算活动的核心环节，首先，高校预算编制应体现组织的战略目标。"优化结构、办出特色"是我国发展高等教育中长期规划的目标，相关统计数据表明我国高校在校学生绝对规模在增长，但增速却在趋缓，我国高等教育向买方市场转变是一个必然的趋势，高校将面临更多的竞争。在这种宏观和微观背景下，"特色办学"将成为我国大多数高校战略定位的主要选择，高校应采取差异化的战略，在未来的多层次、多领域的教育市场结构中找准自己的目标市场。与此相适应，高校预算编制应在特色化办学战略的指导思想下，对其内部资源进行配置。其次，预算编制应引导资源流向能创造更多价值的地方，建立一种基于价值链分析的预算编制方法，对高校内部的价值创造性活动进行分析，高校

内部存在教学、科研、教辅三种活动，每种活动又包含了更多具体的基本活动，资源的配置应基于各项活动而非某个部门。

（二）预算执行

预算执行环节的重点是资金控制与数据的采集，通过对预算资金使用过程的监督与控制，减少资金的运营风险，保证预算目标的完成。在执行中，要严格控制实际支出项目，减少与预算项目的偏差，建立预算项目精细化管理的理念与流程，例外支出审批要建立交叉控制，杜绝越级审批，这不仅仅是为了满足当前国库集中支付制度对预算执行的合规性要求，更应成为高校日常的一项内在管理要求。另外，在预算执行过程中获取的数据是事后进行资金使用分析与评价的基础。为了能及时、准确地获取信息，必须构建一个安全有效的管理信息系统。现在大部分高校都拥有自己的校园网和网络办公系统，在这一平台上搭建相关的管理信息系统并不会增加过多的成本，但信息的安全性风险将成为一个新的风险源，需要加强相关的技术支持。

（三）预算监督与评价

建立以绩效审计为基础的预算监督与评价制度。长期以来，在高校预算管理实际应用中往往只重视预算编制，忽视对资金使用效率的考评，造成了资源的大量浪费。这主要是因为高校的绩效指标与企业有很大的不同，缺少财务指标这种量化指标，同时高校的产出目标更多元化，很多活动是非商业性的，投入与产出缺乏可比性，简单照搬企业的"成本／效益"分析方法并不可取。因此，在绩效审计中关键是如何定义"绩效"并设计量化指标。由于产出指标往往是长期活动的结果，并具有时点性，其作为日常的或年度的评价指标并不可行，针对活动过程进行监督与评价则更符合高校的运行特征，如在教学活动中，如果从课程设计、课程实施、课程考核各个环节都控制到位，则课程的质量是可以保证的，并且这种基于过程（或者说活动）的评价模式也与预算编制时按活动来进行资源配置相匹配。

（四）预算活动的组织

预算活动的组织包括预算组织的结构设计及预算组织的运行机制两个方面，可以降低预算活动中的运行风险。很多学者在研究中关注预算组织结构的设计问题，但很少人考虑预算组织的运行机制问题，如组织绩效的驱动力问题。在考虑组织的驱动力时，除了检查目标、流程、工具、结构方面的问题，还应检查组织的心态和角色要素，如态度、信念、激情等，而这在很大程度取决于组织的文化。高校是一种特殊的人文组织，在日常管理活动中始终贯彻一种清晰的组织文化，能有效地降低组织的运行成本，更好地达成战略目标，并且这种文化的沉淀还可以成为高校核心竞争力的来源。另外，在构建预算组织系统时，严格划分预算管理活动中每个职能部门及人员的权责，权责的划分是组织有效运转的保证，避免因为对权责的界定不够清晰，造成出现问题难以追究相关人员的责任的情况，也难以进行日常的业绩评价。

第六节　高校财务预算的执行控制与反馈机制

近年来，教育成为公共财政投入的重点领域，教育经费的使用效益成为社会关注的焦点。财政部门、教育主管部门对高校预算提出了科学化、精细化管理的要求。然而在高校预算实际执行过程中，出现了诸如预算与执行"两张皮"，预决算差异太大等问题，造成学校经费使用的随意性、重复性和效益低下。构建高校执行控制和反馈机制，需要注重绩效预算、有效沟通和制度建设，以此加强预算科学化和精细化管理。

近年来，教育成为公共财政投入的重点领域，高校经费投入不断增加，教育经费的使用效益成为大家关注的焦点，而对教育经费支出的监管也不断加强。财政部门、教育主管部门通过国库集中支付系统改革，公务卡支付制度、部门预算制度的推广等加强对高校预算与支出的监督，并对高校预算提出了科学化、精细化管理的要求。

在高校预算编制程序上，财政部门严格规定了"二上二下"的预算编制程序，加强了预算上报的规范性和精细化，通过将预算申报系统与国库集中支付系统的连接实现了对预算经费支出技术上的全过程控制。但是，在预算执行过程中，与上报预算相背离或自行调整的情况屡见不鲜，为调整预算执行率而年底调账行为频繁发生，上报预算与校内预算实质性脱节，预算与决算差异太大等等，这些问题均给预算管理带来很大的挑战，并造成学校经费使用的随意性、重复性和效益低下。预算编制、预算执行、决算是一个循环过程，而相较于时点性较强的预算编制，预算执行贯穿于整个财政年度，并直接影响决算结果，而对预算执行情况的分析与反馈有利于持续性提高预算编制的科学性。构建高校财务预算的执行控制与反馈机制对预算管理的科学性、精细化起到重要作用，有利于高校整合有限资源，对提高经费使用的绩效，更好地实现高校的职能具有重要的现实指导意义。

一、高校财务预算执行控制与反馈的前提

（一）科学编制预算

第一，预算编制程序科学。高校的预算编制遵循分部门预算、从下至上、归口汇总、总体统筹的原则，才能真实体现学校整体的收支预算，在以生均经费为拨款标准的总额控制下，真正体现基层的需求；在中长期规划的指导下，实现学校的年度任务。第二，预算编制精细化。在预算工作中，应以《高等学校会计制度》中标准化的经济业务分类来指导预算编制，使预算编制实现统一性标准化的科目结构，预算编制的精细化还体现在预算执行时间初步计划上。第三，注重历史数据和年度工作计划的有机结合，一般来说，分部门的日常工作业务多以往年预算执行数据为依据，对于年度工作计划中新增的非经常性收支应以零基预算方法仔细测算。财务部门在汇总预算支出需求时，首先应保证日常业务的维

持性经费，并在学校年度工作计划的指导下，以所建预算项目库为基础，按轻重缓急的原则统筹选择项目。第四，注重上报预算与校内预算的有机统一。上报预算中一级项目名称格式化，而校内预算体现学校需求，可操作性强，往往很难实现一一对应，应以校内预算为基础编制上报预算项目的二级构成，实现上报预算与校内预算的有机统一。第五，注重预算编制与资产管理相结合。分部门应调研本部门的固定资产存量，按实际需求编制购置固定资产预算，在上报预算时严格按照国有资产管理办法和政府采购的各项规定编制。第六，与学校规划、部门职能和年度工作计划相结合编制项目预算，注重项目经费预算的前期调研与评估。

（二）有效、及时提供会计信息

会计信息的真实性、完整性、准确性是实现预算执行控制的前提。在目前阶段，预算编制实行综合预算原则，所有收入和支出全部纳入部门预算。高校经费来源主要包括财政补助收入、专款收入、科研收入、事业收入及其他收入。会计核算应注重区分以经费来源分类的科目类别，并以规范性的支出科目名称和范围为基础，准确判断支出经济业务的科目。另外，健全财务信息系统的管理统计功能，加强校内项目库的建设，有利于提高获取会计信息的有效性和及时性。

二、高校财务预算执行控制与反馈机制的构建

预算的执行控制和反馈主要着重对预算的中期控制和中期、事后反馈，通过分析进而对前期预算产生影响。对于高校来说，财务预算执行控制与反馈机制的构建主要包括执行控制、反馈和分析。

（一）高校财务预算执行控制的要素

高校财务预算执行贯穿整个财政年度，从预算执行起点到本年预算终止期开始。通过纵向时间序列要素和横向的预算执行分析指标要素进行数据汇总与数据质量原因分析，根据得出的可控性大小及时作出有关调整。

从纵向时间序列要素上来说，分季度分月进行分析和调整。具体来说，高校财务部门分季度对各项预算执行指标进行汇总，会同各相关部门进行原因分析，并做出相应调整。各分部门（校内预算单位）每季度或每月对预算执行指标进行分析，在科目和项目使用方向保持不变的情况下，在本部门管理项目范围内对未执行部分的可调整项目或公用经费校内项目进行统筹并提出调整建议，涉及大额资金调整的还需经院长办公会同意后方可进行。

横向的预算执行分析指标主要包括预算执行率、计划执行与实际执行的时间差、科目执行的偏差率、"三公"经费及其他重要经费（如会议费、差旅费、劳务费）的执行率等。其中预算执行率可划分为预算内人员经费执行率、预算内公用经费执行率、预算内项目经费执行率等。

初步探讨预算执行指标分析出现偏差的原因，按照财政年度终止的时间节点预估全年的完成情况，分为年度可控预算与年度不可控预算，年度可控预算是指在预估预算年度终止前可以完成的预算，年度不可控预算是指预估预算年度终止前不能完成的预算。年度可控预算又分为科目可控与项目预算总额可控，科目可控但执行时间偏差的情况应向高校财务部门报备产生的原因和具体执行时间，项目预算总额可控但科目在年度内需做出调整的情况应向财务部门及时反映产生的原因和预计调整金额，财务部门汇总后将调整科目向预算主管部门申请明细调整。年度不可控的项目应提早准备年度末进行的项目结转或结余，申请结转的项目应提早做好项目执行计划，结转金额应在第二年执行完成。申请结余的项目应和第二年预算编制相结合，提早确定其他使用方向。

（二）预算执行情况的反馈与沟通

预算执行情况的反馈分为预算执行过程反馈和预算终止期反馈，并形成过程反馈重沟通解决，终止期反馈重对比分析的良好机制。

过程反馈是有效进行预算执行控制的要素，应注重财务部门与其他预算部门的网状连接，还应加强预算执行项目负责人——主管部门——校级预算管理机构——领导决策的层级连接。具体来说包括：①财务部门按期将预算执行数据及时反馈给相关预算部门。对业务部门来说，财务信息通常属于滞后信息，通常在审计过程中才会重视对财务信息的梳理，财务部门作为财务信息的发布者体现了财务信息的权威性和完整性。每月末，财务部门将预算执行率、执行偏差和支出明细通过信息化手段反馈给相关预算部门，并重点关注进度与预算偏差较大的项目。②预算部门将预算执行数据分析结果及时反馈。如不影响年度预算执行属于预算部门内可调整的部分，可将分析和调整结果反馈给财务部门备案即可，影响年度预算执行的项目应进行详细的原因分析和调整分析，并将结果反馈给财务部门和主管领导，由校级预算管理机构协调解决。

终止期指当年审核业务停止后年终决算期间，终止期的反馈旨在加强内控和提高绩效。主要包括：①对年度预算执行的整体情况进行梳理，对执行偏差大的项目逐项分析偏差原因。对偏差原因的分析主要为定性分析，注意区分主观原因和客观原因、表面原因和深层次原因等进行分析，主观原因主要为前期调研不足、支出内容以及供应商选择的人为调整等；客观原因包括外部环境变化、政策性调整等；有的项目涉及的原因比较多且复杂，应找出比较大的影响因素，剥离表面原因，探究本质性深层次的原因。②以部门为单位，汇总本部门预算执行情况，汇总产生偏差的项目及偏差原因。③对照部门职能、年度工作计划和项目的预期效果，分析分部门各预算项目的完成情况。在已达到预期效果的情况下，对比预算项目的执行率和科目的准确性，结合原因分析对执行率低或科目执行偏差率较大的项目进行预算准确率考核评估，促使各预算部门以后更加有效的利用预算投入。在未达到预期效果的情况下，结合部门业绩考核，对比预算项目的执行率和科目准确性，合理评价项目的绩效。分预算项目效果情况，对预算执行率、科目准确率和项目效果进行权重分配，在已达到预期效果的情况下，综合评价部门预算绩效。④汇总部门绩效评估的结果，引入奖惩机制对各部门绩效预算进行考核。

三、高校财务预算执行控制与反馈机制的要点

注重绩效预算理念。根据财政部发布《关于推进预算绩效管理的指导意见》，绩效预算是指预算资金所达到的产出和结果。绩效预算管理是政府绩效管理的重要组成部分，是一种以支出结果为导向的预算管理模式。它强化政府预算为民服务的理念，强调预算支出的责任和效率，要求在预算编制、执行、监督的全过程中更加关注预算资金的产出和结果。

高校绩效预算主要是根据高校的职能、高校发展规划等制订年度工作计划，在预算控制数范围内根据学校业务发展的需要编制预算，根据预算执行情况和效果评估预算投入与产出结果的效益。高校的职能包括培养人才、科学研究和社会服务三方面，《国家中长期教育改革和发展规划纲要》（以下简称《纲要》）中提出高等教育的发展任务包括全面提高高等教育质量、提高人才培养质量、提升科学研究水平、增强社会服务能力以及优化结构办出特色，《纲要》还明确了人才培养、考试招生制度、办学体制、教育开放等方面的体制改革方向，提出了教师队伍建设、经费投入、信息化、依法治教、重大项目和改革试点等保障措施。高校应根据本地区和主管部门制定的适合本地区教育发展的长期战略和中长期规划等制定相应的中长期规划和短期计划，明确预期达到的各项指标，并检验预算编制和执行是否达到各项指标。衡量高校成果的指标主要包括万元财政投入培养学生数、学位获得率、毕业生就业率、科研成果应用转化率、重点学科增长数、国家或省（部）级教学成果增长数、省（部）级重点实验室增长数、省（部）级重点课程增长数等。在预算执行控制和反馈过程中，应以绩效目标为导向，按期监督预算执行的偏差情况，并及时纠正；对高校的产出成果、项目执行效果进行定性和定量的绩效评估。高校的绩效预算还体现在对投入成本的控制上，高校是准公益性的教育事业单位，为社会提供准公共教育产品，而高校的投入呈现多元化、多渠道的特征。高校作为独立运行的法人主体应统筹各种投入资源，避免重复建设和浪费。一般来说，公办高校的投入来自一般财政拨款、学费收入、事业收入、科研收入、专款收入以及其他收入，经济业务支出主要围绕教学、科研、学生工作等重点业务形成的包括教育教学、科学研究与成果转化、研究生培养、学生教育、行政管理、后勤保障、社会服务等方面的经济支出。在以学科建设、人才培养等为核心的资源统筹安排下，高校各预算部门也可作为不同层次的成本控制中心进行成本控制。

以预算信息的公开与透明为前提，提升部门间的有效沟通。有效沟通的前提是解决信息的不对称性。部分高校各部门的预算信息存在着不公开、不透明的现象，具体的预算执行情况和执行结果只有本部门负责人了解，这使得相关人士对预算分配以及预算执行情况缺乏了解，而作为高校财务资源情况理应对相关利益人进行多层次适当的公开，这样才能加强有效沟通，更好地进行预算执行控制和按照真实情况对执行结果进行反馈。加强有效

沟通的另一个途径是多方面强化预算编制、执行控制方面预算人员业务培训。

构建科学完善的内控制度，监督执行效果。高校财务内控制度主要包括预算管理内控制度、岗位责任制、资产采购与管理内控制度、会计核算规范、收费管理制度、经济合同管理制度、大额资金管理制度、票据和印章管理规则、授权审批制度、领导经济责任制以及行之有效的内部监督机制。在编制科学完善可行的内控制度前提下，需要通过制度意识的宣传和培训、规范运行和严格问责等方式，强化内控制度的执行，以达到预期的效果。

"十二五"时期，中国政治体制改革与经济体制改革深入发展。2012 年 4 月，财政部出台了《事业单位财务规则》，对绩效预算和内控制度做出了指导性的规定。同月，国务院出台《中共中央国务院关于分类推进事业单位改革的指导意见》(以下简称《意见》),《意见》指出，对于归属于公益性二类事业单位的高校，逐渐实行政事分开，强化其公益属性，不允许进行以营利为目的的生产经营活动。高校将更加有效的集中各类资源发挥培养人才、科学研究、社会服务的公益性职能，而高校的财务预算应更加注重执行控制和执行结果的评价，帮助高校通过科学高效的业务运作发挥更大的社会效益。当然，提高财务预算管理的精细化和科学化并不是一蹴而就的，而要通过对预算执行控制和反馈分析，通过不断的分析、归纳和总结，提高预算编制的合理性和准确性。

第四章　高校财务收入的内部控制

第一节　高校收入内部控制

高校收入管理是高校财务管理的重要内容之一。本节根据 2012 年 11 月 29 日财政部印发《行政事业单位内部控制规范（试行）》，并结合高校收入的业务特点，就如何加强高校收入内部控制制度的建立与实施进行探讨。

随着我国整体科技力量的提升及高等教育事业的快速发展，高校的自身潜能和优势得到了充分的挖掘和展现。高校收入也愈多地表现为来源多样化，数额增量化的态势。收入作为高校持续发展的动力源，如何确保它的安全与完整，充分发挥其"蓄水池"的作用，显得尤为重要。做好收入管理工作就必须要依赖良好的内部控制制度的建立与实施。

一、高校收入内部控制存在的问题

（一）岗位设置不符合制衡性原则，未实现不相容岗位相分离

高校财务部门在收入管理过程中未能遵守制衡性原则。在收入管理的关键岗位没有做到不相容岗位相分离，没有明确划分职责权限。由于人员配置有限，有时一人身兼多岗，比如收费岗和票据管理岗由同一人兼任、收费岗与现金管理岗为同一人，未能实现会计的监督职能，在很大程度上导致了舞弊现象的产生。没有对关键岗位的人员进行业务培训与学习，能力与资质不能胜任本岗位，也没有按照内控要求实行定期轮岗制度。

（二）"乱收费"时有发生，非税收入管理不规范

高校"乱收费"情况时有发生，非税收入管理有时未遵守国家相关规定。收费未能严格执行收费审批制度，没有向学校主管部门提出申请，没有相关批复文件；"乱收费"情况比较普遍；涉及学费、住宿费、学杂费等非税收入收费，没有严格执行国家相关的收费文件，也没有按照统一的收费标准收取；对于行政事业性收费，没有按照相关规定开具相应的票据；违反"收支两条线"的管理规定，没有把非税收入及时足额的上缴国库或财政专户，挪用、截留应上缴的财政收入，收入未能及时入账或者设立账外账。

（三）未能合理使用票据及印章，职责规范不明确

高校在发生相关业务时不按规定使用票据和印章。其中包括没有按照规定使用和保管票据，票据管理制度不完善，没有建立起有效的票据登记台账，未能做好票据的保管和登记工作。票据的保管、登记和使用职责不明确，从而导致开票不规范及核销票据不及时的情况时有发生，票据没有按照规定存放和保管，从而造成票据的破损和遗失，同时废旧票据的保管也不到位。印章没有专人负责保管，不同种类的印章没有按要求由不同人员分别保管，比如盖在同一张支票上的单位财务章和人名章，由同一人保管，使用完毕也未能及时存入保险柜中。没有按照规定使用印章，也没有区别不同种类票据加盖不同种类的印章，甚至把印章盖在了空白文件上。票据和印章的管理监督职责落实不到位，在很大程度上导致了票据丢失的现象发生。

（四）预算管理环节薄弱，对收入的内部控制监管不到位

预算编制和预算执行对收入管理的监管都不到位。预算管理也是高校财务管理内部控制的关键环节之一，高校预算管理完善与否在很大程度上影响着收入管理。其中，预算编制工作不到位，质量不高，编制工作缺乏可行性评估，高校财务部门与其他业务部门没有进行有效的沟通，没有按照各个业务部门的实际情况和特点进行编制，使预算与实际情况脱节，从而导致预算难以执行。在预算执行过程中，预算控制不到位，没有按照预算执行，随意调增或调减预算，从而使预算对收入管理的管控力度大大降低。

（五）信息化管理水平有待提高，安全意识不强

信息化管理在高校收入管理中存在着漏洞，人员和技术管理水平有待提高。在大数据背景下，信息化建设在高校财务管理中发挥着越来越重要的作用，信息化程度越高，越能提高工作效率以及加强内部监督。但在实际应用中，信息化管理存在很多漏洞，财务管理系统与其他部门管理系统无法兼容，无法实现资源共享。例如，财务管理系统与科研管理系统无法实现对接，财务部门对科研课题进行收入入账时无法从科研系统提取相关数据，从而极大地增加了人力成本，导致出错率比较高。复合型专业人才比较缺乏，财务管理人员不精通信息化方面的知识，无法及时维护数据，而负责维护信息化系统的工作人员又不懂财务，从而导致专业与信息化系统相脱节，极大地影响了工作效率。此外，数据安全方面也存在着隐患，信息化管理安全意识不强，财务系统容易遭到攻击和篡改。

二、实施高校收入内部控制制度的意义

行政事业单位内部控制是指由单位管理层和全体员工共同实施的，为实现控制目标，通过制定制度、实施措施和执行程序，对经济活动的风险进行防范和管控。它的目标主要包括合理保证单位经济活动合法合规、资产安全和使用有效、财务信息真实完整，有效防范舞弊和预防腐败，提高公共服务的效率。从动态上讲，内部控制是单位为履行职能、实

现总体目标而应对风险的自我约束和规范的过程。

当前我国高等教育体制改革在不断深化，高校在公益事业和国家经济发展中都占据着重要地位，其社会影响力越来越广泛。收入作为高校开展教育、科研工作和谋求长期发展的重要财力保证之一，它的有效管理在高校财务管理中有着至关重要的地位，是高校管理者不能忽视的。目前高校收入在来源渠道和总量上都得到了很大的拓宽和增加，主要包括学生学费收入、科研项目收入、合作办学和培训收入、学校资源有偿使用收入及捐赠收入等。

三、建立高校收入内部控制制度的原则

遵循《行政事业单位内部控制规范（试行）》，结合高校收入的业务特点，一个完善的高校收入内部控制制度应包括：全面涵盖高校所有收入及业务流程；责权利明确具体，不相容职务内部牵制，具有可操作性；有效的监控机制来保证内控制度的有效实施。

四、高校收入内部控制制度的实施

（一）增强高校收入内部控制制度的意识

任何制度的有效执行必须要有一个好的环境和基础，如同种子发芽成长必须依赖适宜的土壤和气候。高校领导作为高校运行发展的带头人，首先要树立内部控制制度重要性的意识，并把这种意识积极传达给高校全体人员。人既是制度的建立者又是制度的实施者，只有大家从思想认识上达成共识，才能在实际的工作中主动、积极，协调配合，才能更好推进和实施内控制度，共同营造遵纪守法、诚实敬业、团结协作的良好氛围。其次要加强在岗人员的业务培训，增强责任意识，提升人员的综合素质，使他们在思想上认识到责任重大，在业务上不断进步，才能具备适应岗位需求资格和能力。

（二）抓好收入管理的关键点，防止腐败现象的发生

对于学费、住宿费、辅修费、培训费等涉及非税收入的管理，财务部门、教务部门及学生管理部门要积极配合，协调工作。教务部门及学生管理部门要及时将学生缴费名单及金额传递到财务部门，财务部门要利用当今便利快捷的科技信息技术，开辟多渠道缴费形式，如支付宝缴费，网上银行缴费，学校统一扣取学费等多种途径收取学费。对应缴未缴学费要及时摸清情况，统计数据，采取相应的措施进行催缴，减少学费拖欠的情况发生，确保学费收入的足额实现。对学生发生休学、复学、退学、转专业等引起的学费变动情况，教务部门及学生管理部门要在学校规定的时间内将相关信息传递到财务部门，由财务部门根据学校制定的政策和制度调整学生缴费数据库的相关相息和数据，以保证学费收缴信息全面、正确。财务部门、教务部门及学生管理部门应实行学生信息数据库共享。这样即可减少信息传递时间和误差，也可以使各部门能够方便获取学生缴费、欠费等情况。

关于学校应税收入，如实验设备对外服务收入，学校场馆、场地对外出租收入，科研项目收入等，财务部门要根据不同经济业务的具体性质，遵循事业单位会计准则或企业会计准则。在业务办理过程中，对于合同完备、资金到账的收入业务要及时开具税务发票确认收入。

（三）强化内部监督

内部监督是确保收入安全、完整的重要环节。高校审计部门、财务部门应定期或不定期对各类收入执收及相关业务流程及工作进行检查，督促员工做好本职工作，及时发现漏洞和隐患，及时进行修正和改进，促使高校收入业务相关部门和人员不断提高业务管理水平，确保高校收入活动的有序健康。

五、高校收入内部控制的优化对策

（一）全面贯彻制衡性原则，实现不相容岗位相分离

高校应当全面贯彻制衡性原则，实现不相容岗位相分离。《行政事业单位内部控制规范（试行）》中第十五条中规定："单位应当建立健全内部控制关键岗位责任制，明确岗位职责及分工，确保不相容岗位相互分离、相互制约和相互监督。"高校收入管理岗位的设置要严格遵守制衡性原则，保证不相容业务相互分离，从而保证各岗位之间相互制约、相互监督，从根源上杜绝差错和舞弊的发生。例如，票据管理岗与开票岗相分离、开票岗与收款岗相分离、收款岗与收入记账岗相分离等。还应当设立收入稽核岗位，从而可以对收入管理的所有环节，包括收入预算及执行、收费、开票、记账环节进行全面核查，以检查收入管理是否符合相关制度，票据管理是否符合相关规定。此外，高校还应当贯彻落实内部控制关键岗位的轮岗制度，并且明确轮岗的周期，收入岗属于内部控制关键岗位，在经过一个岗位周期后有必要重新调整岗位设置，而不是由同一人在同一岗位上长期担任。同时，应当加强会计人员专业素质建设，相关工作人员必须具备足够的思想道德素质和专业知识才能胜任这个岗位；还应当不断强化会计人员业务学习，做到与时俱进，组织参加专业知识培训，积极学习国家发布的新的会计法规、会计准则，从而不断提升其业务水平和专业素质。

（二）杜绝"乱收费"，规范非税收入管理

高校应当严格规范收费管理制度，加强非税收入管理。对于高校的各项收入业务，应当明确规定由财务部门实行归口管理并进行会计核算，严禁设立账外账。财务部门要严格按照相应的法律和准则来确认各种类型收入，并做到及时入账并且合理合规的开具增值税发票或事业单位票据。严格执行收费审批制度，对学费、住宿费等非税收入，要按照国家统一收费标准来收取，杜绝"乱收费"。非税收入管理应当严格执行"收支两条线"的管理规定，及时、足额的上缴国库或财政专户，任何人不得以任何形式截留或挪用。

（三）建立健全票据和印章管理制度，明确岗位职责

高校应当规范票据和印章管理制度。首先，应当规范票据管理制度，按照规定设立票据专管员，专人负责，建立票据登记台账，做好票据的登记和保管工作。明确票据管理相关职责，各类发票的申领、开具、保管、核销都要履行相关的手续，票据要按照顺序号使用，不可拆分使用，保管好废旧发票。其次，印章也应由专人负责、专人保管，不同种类印章应由不同工作人员分别负责，不可由一人兼管。不得把印章盖在空白文件上，使用完毕后及时存入保险柜中，印章的使用要符合相关规定，不同种类的票据要加盖与之相对应的印章。

（四）完善收入的预算控制，加强预算管理的监管力度

高校应当在预算编制和预算执行流程中加强对收入的监管。在预算编制过程中要科学的编制预算，充分考虑可行性。财务部门要与其他业务部门进行有效的沟通，明确各业务部门职责，按照各业务部门实际情况进行预算编制，并督促其严格按照预算编制执行，经上级主管部门批复后的预算不得随意调整，不得随意调增调减预算或追加资金，从而从预算管理环节加强对收入管理的内部控制。

（五）加强信息化建设，全面实现信息化管理

高校应当从人员和技术上加强信息化建设，从而实现收入管理信息化。高校可以搭建信息共享平台，开发软件接口，实现多部门数据对接，使财务系统与其他管理系统之间共用数据库，共享资源，从而极大提高办事效率和工作的准确性。加强复合型人才队伍的建设，培养既懂财务管理又懂信息化技术的专业性人才，既能熟练操作软件又能使用信息化手段处理财务上的问题。时时强化网络安全意识，加强信息化系统网络维护力度，并对财务管理系统设置权限，从而加强系统安全性级别，提升财务系统安全性，从信息化方面加强财务管理内部控制。加强信息化建设不仅有助于提高财务管理工作效率，加强财务监督和内部控制，更有助于"双一流"大学建设，全面实现信息化管理。

在"双一流"背景下，收入是高校高等教育事业发展的资金来源和物质基础，收入的内部控制是高校内控建设的重要环节之一。加强收入的内控建设，有效防范财务风险，保障高校资产安全，不仅是财务管理工作顺利进行的基础，也是高校实现人才强国战略的重要财力保障。

第二节　高校学生收费财务控制

高校收费管理工作作为既具有学生管理职能又具有财务管理职能的双重管理部门，在高校财务工作和学生管理工作中具有重要的角色。其中，收费收入作为高校的主要财政收入，需对高校学生收费进行合理控制，提升高校的经营管理水平。但在实际管理工作中，

受到多种因素的共同作用下，仍存在一些问题，需要高校强化高校学生收费财务内部控制措施，提升内部控制工作质量。

学生收费作为高校筹集运营经费、资金的重要渠道，对高校的正常运转造成一定影响。所以，应强化高校学生收费管理工作质量，促进高校良好发展。就目前来说，大部分高校对于学生收费的内部控制制度仍不完善，存在收费方式落后、缺乏科学的管理制度、学生欠费情况严重等问题，无形中增加了办学成本，也对高校的良好发展造成影响。本节针对上述问题，提出了具体的处理措施，为相关管理部门提供一定的参考。

一、高校收费财务内部控制合理实施的原则

内部牵制原则。为了保障高校收费财务内部控制的合理实施，需遵循内部牵制的原则，合理的制衡、牵制能够使得决策程序更为公平、公开、公正，也提升了决策的准确性，使得财务内部控制工作更有效。

业务循环控制及业务控制相结合的原则。在对高校学生收费进行控制时，既要对具体业务进行控制，也要对业务关键控制点及业务循环进行控制。因此，高校需对学生收费财务内部控制流程进行革新，并严格监督流程中控制重点的落实情况，确保控制措施落实到决策阶段、执行阶段、反馈阶段以及监督阶段等，提升控制工作质量。

二、我国高校学生收费过程中存在的主要问题

缺乏合理的管理制度及体系。就目前情况而言，高校学生的收费工作需要高校多个管理部门间的相互配合，其中主要管理部门为各个院系的财务部门与后勤部门。所以，针对高校学生收费的内部控制工作较为复杂，受到的影响因素也比较多，需要结合高校的发展方向制定合理的管理体系，更好的落实管理工作。但是，大部分高校在对学生进行收费工作时，各个部门自行其是，缺乏沟通，出现问题也不能及时进行协商，使得各部门间的衔接工作不到位。所以，许多重要的信息无法进行及时传达，降低了执行效率。

收费方式较为落后。当前各高校的收费方式通常为刷卡、电子汇款或现金支付。但是，以上支付方式在学费缴纳过程中都存在一定的问题。例如，现金支付的方式较为传统，导致出现规模较大的排队现象，降低了收费的效率，并且缴费过程中需要投入大量人工，增加了管理费用的投入，不利于高校的良好发展。刷卡的形式虽然会避免排队问题，便于城市居民进行续费缴纳，但对于偏远地区的学生，由于部分客观原因，时常需要携带现金到附近县城办理银行存款服务，汇款形式与刷卡形式存在的问题一致，为学生带来较多不便。

学生欠费问题较严重，无形中增加了办学成本。在多种因素的影响下，小部分学生存在着拖欠学费的现象。近几年，拖欠学费的情况逐渐加重，加强了高校的经费管理工作难度。部分高校由于存在资金不足的情况，使得诸多教学工作无法良好开展，部分科研项目也由于资金问题无法顺利开展。如果学生欠费问题不能及时解决，将严重影响教学质量以

及科研情况，阻碍高校的良好发展。

三、强化高校学生收费财务内部控制措施

构建合理、完善的收费系统。高校的管理层需要对学生收费引起重视，建立合理、完善的收费系统。收费系统的管理人员由高校的领导担任，执行人员由相关部门的领导担任，进而实现统一管理学生收费工作。收费系统中的成员需要对信息数据进行共享，充分掌握学生信息的变化情况，并结合情况做好应对工作。

对学生收费岗位进行分工。高校需做好学生收费岗位的工作分配，设置相关的收费岗位以及管理岗位等。管理岗位主要对相关数据进行掌控，将教务部提供的学生信息进行管理，并录入计算机，建立完善的学生信息数据库，能够更直观的掌握学生的缴费情况以及学籍信息，提升管理质量及效率。

科学设置相关岗位，避免收费舞弊、出现差错现象。部分高校在设置收费岗位时，需结合收费流程，设置收费员、系统管理员、票据管理员以及审核员四个岗位，每个岗位的职责及权力不同，各个岗位之间互相监督，从根源上避免收费工作的失误，也避免出现舞弊现象。系统管理人员需负责学校收费系统进行维护，确保系统运行正常、稳定，管理人员能够第一时间对收费信息进行查询。系统管理员还需每天对收费系统进行更新，定期对学生信息进行核实，形成学生基本信息网，并在学生信息发生变更时，及时在系统中进行修改。收费人员主要负责对学生的日杂费用进行收取，并开具相关票据，结合领导审批等，办理学费的减免及退费处理。票据管理员需负责收费票据的管理、记录等工作。审核人员负责核实收费系统中的学生信息与相关部门等提供的信息是否一致，人员数量是否一致，以及收费款项是否正确等。

实行收、退费定期核实制度。学生收费系统与学校的财务系统需要分开建立，由于收费管理中的学杂费、欠缴费用等项目不能在财务系统中有所展现。所以，需要进行不定期的核实工作以及定期检查工作，将账务系统中对应的收费项目金额统计出来，确定收费总金额，并将账务系统收费金额与收费票据存根进行核对，将系统中的公寓费缴纳金额与宿舍管理床位进行核实。

高校学生收费的内部控制工作不仅需要财务部门引起重视，还需相关部门进行合作、协调。所以在管理工作中，相关负责人需做好部门间的协调、沟通工作，实现学生信息的共享，提升学生收费管理工作的质量及效率，使得高校学生收费财务内部控制水平不断提升，更好地提升高校管理质量。

第三节　高校收入管理的内部控制

高校收入管理是高校财务管理的重要内容之一，高校收入内部控制对高校收入管理具有重要的意义，能够有效防范收入管理中的财务风险。本节结合高校收入管理的内部环境，针对高校收入管理的内部控制关键点，就如何加强高校收入管理的内部控制制度的建立与施行进行探讨。

2012 年 11 月 29 日，财政部印发《行政事业单位内部控制规范（试行）》，要求自 2014 年 1 月 1 日起，全国行政事业单位开始正式施行。2015 年 12 月 21 日，财政部印发《关于全面推行政事业单位内部控制建设的指导意见》，进一步为行政事业单位加强内部控制体系建设指明了方向。

一、当前高校收入管理的内部控制存在的问题

（一）财务部门工作岗位设置不合理，缺乏完善的岗位负责制

由于高校不以营利为目的，因此相关人员在思想上缺乏对收入管理的足够重视，大部分高校并没有在收费岗位上配备足够的会计人员。相当一部分高校缺乏严密的收费管理岗位组织结构，也缺乏完善的岗位负责制，各收费岗位之间的职责权限模糊不清，甚至收费岗位只设置 1 个或 2 个人，岗位之间不能形成相互监督的关系，缺乏有效的监督制度，内部控制严重缺失，不可避免地会产生各种漏洞。这种完全依靠财务人员职业道德进行自我约束和自我管理的模式，很可能会给学校带来巨大损失。

（二）收入预算编制内容不全面

目前的高校预算体制还不尽完善，编制方法不尽科学、合理，存在如预算外收入未被纳入全面预算收入等弊端。个别高校认为预算外资金是高校自有资金，没必要纳入财政收入预算。另外资金管理上的漏洞也是造成收入流失的主要原因。

（三）收入项目不规范、缺少统一管理制度

部分高校注重教学、科研管理制度的修订，但却忽视制定高校收入管理方面的有关规章制度。开设收费项目的部门不同，面向不同的学生，项目繁多。如果不靠上级主管部门或学校层面制定统一管理制度，二级部门缺少指导性文件，很容易造成随意性与监管不到位。例如教务处负责的四、六级英语过级考试、计算机等级考试、普通话水平测试，研究生院组织的研究生复试，网络中心负责的学生业余时间上网等，各部门自立账户收费，在收费标准的制定、票据的使用以及最终的收入上缴都缺乏有效的监管。

二、高校收入管理内部控制的环境

高校收入来源主要有以下六个方面：一是全日制教育的财政拨款；二是学生缴纳的学费、住宿费、考试费等行政事业性收费，即教育事业收入；三是合作办学收入及培训收入；四是学校资源对外出租产生的租金收入；五是本着成本补偿原则收取的各种服务性收费等收入；六是科研等各种专项收入。

我国高校收入管理现状普遍是教务处、学生处、研究生院负责全日制学生的招生计划、学籍等管理；各二级学院负责全日制学生的教学培养以及合作办学和培训办学的具体事宜；资产管理处统一管理学校的资产及对外出租事宜；科研处等职能部门负责科研等专项经费的管理；财务处负责所有收入的收缴、预算、下拨和票据管理。

三、高校收入管理内部控制的意义

行政事业单位内部控制是指由单位管理层和全体员工共同实施的，通过制定制度、实施措施和执行程序，对经济活动的风险进行防范和管控。它的目标主要包括合理保证单位经济活动合法合规、资产安全和使用有效、财务信息真实完整，有效防范舞弊和预防腐败，提高公共服务的效率和效果。从动态上讲，内部控制是单位为履行职能、实现总体目标而应对风险的自我约束和规范的过程。

当前我国高等教育体制改革在不断深化，高校收入作为高校开展教育、科研工作和谋求长期发展的重要财力保证，它的有效管理在高校财务管理中有着至关重要的地位，是高校管理者不能忽视的。因此，高校收入管理的内部控制意义重大。

高校收入管理内部控制制度的原则：全面涵盖高校所有收入及业务流程；内部流程控制具有可操作性；责权利明确具体，不相容职务内部牵制；建立内部报告制度和有效的监控机制。

四、高校收入管理内部控制制度的建立

（一）制定高校收入管理的相关制度和业务流程

高校应制定财务管理办法、收入管理办法和票据管理办法，内容涵盖高校所有收入业务，实现收入归口管理。根据高校实际收入业务制定业务流程，涉及收取、开票、记账、盖印、稽核等每一个业务环节，将所有收入业务装入制度的笼子里，避免出现乱收费、小金库等违规现象发生。制定票据管理业务流程，完善各类票据的购买、申领、启用、归档、核销等工作。

此外，为加强高校收入管理，高校收入账务处理应实行部门和项目管理，记账凭证的摘要、收入内容应进行标准化设置，以便于高校收入管理的具体业务操作；结合收入管理

制度和业务流程，强化内部控制和监督，从而实现高校收入业务程序化、标准化、流程化管理。

（二）全面分析高校收入业务，抓好收入管理的关键点

财政补助收入和教育事业收入是高校的最主要收入来源，要把财政补助收入和教育事业收入是否合法、合规完整入账列为关键点。财政补助收入的影响因素主要是在校学生人数、教职工人数、离退休人数、高校专项资金的申报等因素，准确把握收入构成的因素，并参照当年就业率、科研成果转化等因素，就能准确做出财政补助收入的预算。教育事业收入是根据当年计划招生学生人数、在校学生人数、住宿学生人数和收费标准计算得出的，要根据教务管理部门提供的学生数据和学生管理部门提供的住宿人数为依据，考虑退学、走读等因素，才能准确计算确定当年教育事业收入预算。

（三）贯彻制衡原则，合理设置岗位

高校收入业务岗位设置要体现不相容职务相分离，严格贯彻制衡原则，确保内部部门、岗位之间相互制约、相互监督。票据管理岗位与开票岗位相分离，开票岗位与收款岗位相分离，收款岗位与会计记账岗位相分离。对关键重要岗位要选择具有良好职业操守和过硬的专业水平的人员胜任。高校收费项目和标准的申请、审批与执行相分离，避免乱收费；高校收费系统的应收标准初始、复核与执行相分离，避免漏收费；项目立项管理与收入确认相分离，避免下错账；从岗位设置上，实现高校收入管理的内部牵制。

高校还应设置收入稽核岗位，全面核查收入预算、执行、收取、开票、记账等各个环节，检查收入是否正确，票据的使用、购买、领用、开票、保管、回收、销毁是否符合相关的规定。

（四）加强收费系统的管理

高校学费、住宿费的收费管理主要依赖于收费系统，收费系统数据的准确性至关重要，收费系统权限分配能够有效制衡舞弊现象的发生。收费系统权限设置应将初始、录入、调整、复核权限相分离。

高校设立专门的收费系统管理员和会计人员进行收费管理和收入核算，不相容岗位相互分离。开票、收款、记账、复核等业务相分离，明确划分职责权限，形成相互制约、相互监督的工作机制。

（五）强化内部监督机制

内部监督是确保收入安全、完整的重要环节。高校审计部门、财务部门应定期或不定期对各类收入执收及相关业务流程等工作进行检查，督促相关业务人员做好本职工作，发现高校收入管理中的漏洞和隐患，及时进行修正和改进，促使高校收入业务相关部门和人员不断提高业务管理水平，确保高校收入活动的有序健康。

五、高校收入管理内部控制的实施

（一）强化高校收入管理的内部控制意识

任何制度的有效执行必须要有一个好的环境和基础。高校领导作为高校运行发展的带头人，要树立内部控制制度重要性的意识，并把这种意识积极传达给高校全体人员。同时要加强在岗人员的业务培训，增强责任意识，提升人员的综合素质，只有大家从思想认识上重视，才能在实际的工作中积极主动、协调配合，才能更好地推进内控制度实施。

（二）实行收入的归口管理

由于目前我国高校规模大，财务环境复杂，根据内控原则应实行学校所有收入由财务部门归口管理的统一核算模式，其他部门和人员未经批准不得擅自办理收入业务，严禁设立"账外账"。学校财务部门要根据各项收入类别，按照相应的法规和标准及时确认每笔收入并正确开具应税发票或财政票据。防止收费不规范、乱收费及乱开票据的现象发生。

对于学费、住宿费、辅修费、培训费等涉及非税收入的管理，财务部门、教务部门及学生管理部门要积极配合，协调工作。财务部门要开通多渠道缴费形式，如网上银行缴费、POS划款缴费、学校委托银行统一划转学费等多种途径收取学费，并及时统计应缴未缴学费数据，提交教务部门及学生管理部门，采取相应的措施进行催缴，减少学费拖欠的情况发生，确保学费收入的足额实现。对于学生发生休学、复学、退学、转专业等引起的学费变动情况，教务部门及学生管理部门要及时将相关信息传递到财务部门，由财务部门根据学校制定的政策和制度调整学生缴费数据库的相关信息和数据，以保证学费收缴信息准确、完整。财务部门、教务部门及学生管理部门应实行学生信息数据库共享，这样既可减少信息传递时间和误差，也可以使各部门能够方便获取学生缴费、欠费等情况。

（三）严格执行收费文件，正确使用收费票据

高校应严格按照国家收费文件规定的项目和标准收取学费、住宿费、考试费等行政事业性费用，开具相应的财政票据；服务性收费、房屋出租、资产出租收入等应按照合同收取，开具发票，照章纳税。

（四）加强收费票据的管理，建立票据登记台账

收费票据管理作为高校财务管理工作中的一项重要组成部分，高校应加强收费票据的管理，按照票据管理制度和业务流程操作，建立票据管理登记台账并存档备查。通过有效的收费票据管理内部控制制度能够使得高校收费过程中的风险得到一定程度的降低，并能够保障高校各项收入的全面实现，这也是高校提升自身管理水平以及规范收费行为的一个重要保障。

（五）加强合同管理，建立收入合同登记台账

高校面向社会举办的各类培训班、对外合作办学、对外提供服务、房屋出租、资产出

租等收入，由相应职能部门负责签订相应的合同，财务部门按照职能部门签订的合同收取款项，所收款项纳入学校当年的收入预算统一管理。

科研事业收入和其他收入是各相关部门取得的同级财政拨款以外的各类专项收入，财务部门按照各相关部门提交的合同等材料，对收入进行统一归口管理，并建立收入合同登记台账，加强合同管理，做到收取的每一笔款项都有据可依。在业务办理过程中，对于手续不完备的到账资金，要通知相关部门提交合同等手续后方可确认收入，且合同的签订应由高校相应职能部门统一管理。

高校收入管理内部控制至关重要，通过有效的内部控制手段，促使高校收入活动健康有序进行。

六、完善高校收入内部控制管理的优化对策

（一）以内部控制为原则，科学合理地建立收费管理岗位

一所高校收费管理水平的高低，取决于是否建立严格的收费内部控制体系。高校要查找收费管理疏漏、防止国有资产流失，就必须从收费岗位上形成有效的制衡机制。建议收费岗位设置可做如下考虑：首先，设置系统管理员岗位，系统管理员主要负责系统参数的设置（如打印票据格式、收费系统的维护等）、学生相关信息初始化录入，设置不同的收费项目、收费标准、及时更新有变动学生的学籍信息，进行数据的备份保存等工作；其次，设置开票员岗位，开票员主要负责票据打印，开票员决不能接触现金；再次，应设置出纳岗，即收款员按照票据金额准确无误收款；最后，应当设置收费复核岗，收费复核员对整个收费全面进行监核复核，对收费系统中收费项目、人数、标准是否有误，对收费数据进行监督，定期对票据管理进行检查，确保票款相符。

（二）加强监督，管理好现有收入

高校要加强各项收入的管理，保障收入不流失。对于学费等非税收入，高校严格执行上级主管部门批复的各项学生收费项目和收费标准的备案，实行收费标准公示制度。对于经营服务性收入高校在制定涉及学生的经营服务性收入收费标准时，应按财务公开的原则，制定收费标准；对于包括其他收入在内的高校各类收入，要严格执行"收支两条线"制度，定期对各类收入的管理、上缴情况进行检查、监督，确保高校收入足额到位。

（三）全面编制财政预算，保障各项收入统一核算与管理

必须进一步加强高校收入管理，收入预算编制要合理、分析要科学、执行必须严格，建立科学的收入预算编制与控制体系。预算编制按"以收定支、收支平衡"及"突出重点、兼顾各方、勤俭节约"的原则进行，注重编制方法的科学性、长远性和连续性，坚持实事求是的原则。预算资金归口核算，做到预算编制收入完整、支出谨慎。贯彻落实预算执行力度，发挥好预算约束力的作用，使得预算的编制和执行趋于科学合理。

（四）加强审计与监督，完善信息化管理

开展不定期的审计检查工作，监督从预算到执行等一系列经济活动。如监督预算的编制是否符合"收支两条线"等国家有关政策制度的规定，学校的各项收入是否已按政策规定纳入预算。正确的评价预算执行情况和财务管理状况，防止滋生腐败和管理上出现疏漏。通过监督使高校更好地进行收入管理工作，并从他律逐渐变为自律行为。

总之，加强高校收入内部控制管理是高校财务管理的一项重要内容，要加强高校收入内控制度的管理，转变思想观念，切实做好高校收入的规范管理工作，同时加强审计与监督，完善信息化管理，以此促进高校事业的健康发展。

第四节　高校财务报表审计风险控制

《高校会计制度》将高校会计制度定位为非营利组织会计，采用修正的权责发生制，新增了与国库集中支付、政府收支分类、部门预算、国有资产管理等会计核算内容，是融合了预算会计与企业会计的会计制度。高校引入社会审计进行财务报表审计，主要是监管受托责任履行，强化事后监督和绩效考评。

高校财务报表审计必须结合高校会计核算特点，按照资金的来源性质，划分财政补助资金循环、非财政补助循环、经营循环三大业务循环，重点关注完整性、所有权、准确性和分类与列报风险。采用与预算指标和实际拨付金额核对的方法，强化预算的执行；检查计划或审批文件，保障国有资产的安全；贯彻政府收支分类，强化专款专用；细化经营收支分类、配比及免税收入分开核算，维护高校的合法权益。

高校财务报表包括：资产负债表、收入支出表、财政补助收入支出表及财务报表附注。高校财务报表审计风险是指高校财务报表存在重大错误或漏报，而注册会计师审计后发表不恰当审计意见的可能性，以及对财务报表中的重大金额和披露有直接关联的财政法律法规的影响。

一、高校及高校会计核算特点

高校是个小社会，涉及许多行业，关系不同类型的人员。高校的主业是教育和科研事业，但又有服务于教学和科研的附属医院和附属中小学、后勤集团、校办产业等。这些二级单位甚至还有三级、四级单位，有独立核算的法人单位（校办产业及控股企业），独立核算的非法人单位（附属单位）。高校涉及人员有行政管理人员、教师、学生，还有外教，而且这些人员往往有多种身份，从事多种工作，譬如教师除从事教学，还可能从事科研，甚至还可能是校办产业的管理人员，科研人员可能从事多项科研项目。高校的业务有自身教学科研，也有委托招生、合作办学、横向科研合作。高校的主要目标仍然是教育科研、

培养人才，但是高校正在向面向社会、面向市场自主办学的法人实体转变。

高校的资金来源有财政补助、学杂费收入、上级补助收入、科技合作收入、银行贷款、经营收入、捐赠收入、附属单位缴款以及校办产业收入。新修订的《高校会计制度》定位仍然是非营利组织会计，采用修正的权责发生制，平行设置财务会计科目与预算会计科目，即对经营性收支业务核算采用权责发生制，但对教学科研和教辅活动业务的核算仍采用收付实现制。

新修订的《高校会计制度》新增了与国库集中支付、政府收支分类、部门预算、国有资产管理等会计核算内容，兼顾了高校财务、预算、经费控制、成本核算，促使高校的财务状况、事业成果、预算执行情况得到更为全面、真实、合理的反映。我们的理解是，核定收支、超支不补、定额或定项补助、结余留用的预算管理方式单位本身是"混合经济"的典范。新修订的《高校会计制度》围绕财政资金设计了一系列会计科目，增设了"财政补助结转"和"财政补助结余"两个一级科目，专门设计了一个财政补助收入支出表，这显然是以预算管理为主要目标，强调财政资金的运用。这时候引入社会审计进行财务报表审计，主要是监管受托责任履行，强化事后监督和绩效考评。

虽然如此，做一个高校财务报表审计，无论是从资产总额，还是工作量以及审计风险来看，都不亚于做一个上市公司审计，而且高校合作办学、横向科研、后勤集团、校办产业数量多、项目多，类型各异、专业特点不同，经营收入、附属单位缴款、投资收益、其他收入以及经营支出、后勤保障支出，对附属单位支出、其他支出几个不起眼的科目核算的信息量实际是很大的。所以，高校财务报表审计必须先从外围做起，然后才能汇总财务报表。

二、高校财务报表审计风险

（一）高校内部控制现状

高校内部控制制度现状不容乐观，主要表现在以下几个方面，一是内部制度建设落后于教育事业。有的单位领导重业务轻财务执行，未建立内部执行制度，或虽制定了一系列内控制度，但执行不力，形同虚设，对一些如大额资金的活动以及非常规资金支付业务（如借出款、为外单位垫款等）、对外投资、科研专项经费，尤其是横向科研经费的内部控制制度仍未健全。二是从高校财务管理体制看，各高校大多数采用核算中心的形式，高校根据取得的收费性收入和科研收入给予各相关院系，将预算指标下达给各院系，学科建设和基建资金也由相应用款单位和部门自主掌握，各二级院系作为非独立核算的报账单位，在限额内使用，也就是高校对各院系采用"包干使用、超支不补、结余留用、自求平衡"的模式。各院系成为资金使用的主体，资金管理权限分散，核算控制不严，必然导致固有风险、控制风险的增加。三是从资产管理来看，高校是设置房产、设备管理部门，对固定资产实物进行统一管理，分管部门和使用部门进行二级、三级管理；或者干脆设备管理部门管理教学科研设备，后勤管理部门管理家具和房屋建筑物，图书馆管理图书资料等。核算中心根据资产管理部门开具的固定资产验收单、发票及报废、调拨单入账核算，这样容易造成资产使用、管理与核算脱节。四是高校内审的独立性有限。一般在学校治理层领导下，迫于内部政策的压力，内审机构主要是按领导的指派和交代来办理，只对下属经济组织进行审计监督，对高校管理当局作出的决策无法作出有效合理的评价。

（二）高校财务报表层次审计风险

高校附属单位、校办产业、控股企业众多，了解其附属的单位及校办产业完整的情况，是很困难的。注册会计师对财务报表项目审计时，如果遗漏了一个甚至几个附属单位及控股企业而附注又没有说明报表包含范围，或者附属单位及控股企业未经审计，风险就很大。所以，财务报表层次的首要风险应该是部分校办产业及附属单位未纳入统一核算，在建工程、校办产业没有在高校报表中单独反映。其次是部分高校仍执行旧高校会计制度，按收付实现制核算，或者即使是新会计制度，也不全是权责发生制，应付未付、应收未收的款项不做收支处理，造成资产、负债、财务收支不能反映其实际情况。再次是行政审批改革后，高校管理行为自主，混合经济的运用，国有资产的安全存在隐患。例如，高校在对外投资活动中，低估学校资产；大量或部分在建项目和部分因种种原因未办理竣工决算手续的工程，不能列入学校的固定资产；房产已交付使用，长期不办理房产证，用于出租，出租收入挂往来，或者记为其他收入，减少了国有资产运行收入，同时又争取财政补助收入指标；房产不入账，资产的安全性没有保证；学杂费收入未缴入财政专户，或挂入其他应付款，科研经费结余结转入经营结余；改变资金性质，转移收入，变相侵占国有资产。最后是超过高校的承受能力，盲目地扩大贷款规模，将贷款风险转嫁国家财政负担。

（三）高校财务报表认定层次审计风险

高校财务报表审计风险重点是完整性、所有权、准确性和分类与列报。具体地讲，认定层次可能存在如下风险：

资产类项目。基建完工的房屋已使用多年，长期不办理竣工决算，有的已经对外出租使用，房租收入和固定资产均不入账；对已报废或变卖的汽车或办公设备长期挂账不做处理，固定资产账面价值与实物价值不相符；对校办产业或控股企业投入的固定资产，不办理产权转移手续，固定资产产权不明，账务不清，一旦校办产业股权结构变更，国有资产流失。接受捐赠的固定资产长期置于账外，无人监管。科研项目负责人，将实验室的低值易耗品、固定资产（如电脑、打印机、传真机等）长期个人占用直至报废或毁损，无人过问。投资支出与其他应收款混淆；应收账款与其他应收款混用；往来欠账长期不收，或者长期不入账；零余额账户与基本账户串户使用；附属单位报账串户。

负债类项目。长期借款误入短期借款；应缴国库款、应缴财政专户款科目混用；应缴财政专户款过入其他应付款或延缓入账；应付未付工程款（如质保金、未决算工程尾款）、应计未计贷款利息等隐性债务，不登记入账。

净资产类项目。虚列专项支出、挤占挪用专项资金,科研项目经费结题不结账;财政补助结转与非财政补助结转混用,事业结余与经营结余混用,专用基金结转不准确。

收入类项目。年末低报事业、经营等收入,编制赤字预算。房产、仪器设备出租给他人使用,收入不入账;收到赞助款记入往来科目中,长期挂账,直接列支费用。独立学院利用学科优势,与其他单位联合办学以及横向科研收入挂入代管款项,或设立账外账,不纳入高校统一核算;附属单位缴款及校办产业收入挂其他应付款,校本部经营收入挂在附属单位或校办企业往来账上,支出时进行冲销,经营收入与其他收入混列;非同级财政部门的经费拨款与上级补助收入、财政补助收入混用;横向课题收入与财政科研补助收入混用;附属单位缴款与校办产业及参股企业投资收益混淆;捐赠收入与赞助收入混淆;免税收入与经营收入混淆。

支出类项目。年终收支结转时计提费用造成超支,争取预算指标。基建贷款利息及大修理支出,混淆资本性支出与收益性支出,一次记入费用支出。把高校本部或一级学院的不方便列支的费用转入附属单位或校办企业列支。基本支出与项目支出混列;教育事业支出、科研事业支出与行政管理支出混淆;经营支出、对附属单位补助支出、其他支出混淆;后勤保障支出与对附属单位补助支出混用;行政管理支出与后勤保障支出及离退休支出混淆。

三、高校财务报表的审计风险控制

(一)进行分析性复核

首先是分析高校财务报表的构成。高校财务报表存货、应缴国库款、应交税费一般不会太多,长期投资占资产总额不宜过大,固定资产、在建工程、银行贷款可能占的比重大,接受捐赠资产和科研开发的无形资产以及专用基金可能占有一定的比例,非常收入(经营收入、捐赠收入、附属单位缴款以及校办产业收入)核算内容复杂。其次是分析高校资产、负债、收入、支出结构是否合理,负债水平是否正常。再次是分析高校预算执行情况。预算执行情况分析,一是要将财务报表决算数据与预算数相比,财政直接支付、财政授权支付要与预算指标核对,事业收入、应缴预算款、应缴财政专户款也要与预算指标核对,看有无差额,了解形成差额的原因;二是预算执行结果与前三年对比,看有无特殊变化,询问变化原因。

高校财务分析指标包括:资产负债率、生均费用(或成本)增减、科研经费收入增长率、收支结余率、学校办学积累增减变动情况、固定资产增减变动情况;预算收支完成率、基本支出与项目支出分别占事业支出和科研支出的比例、现金流量变动情况等,通过分析财务报表构成、预算执行情况及报表项目变动情况确定审计的重点,合理分配审计资源。

(二)调查了解被审计单位的内部控制情况

重点了解以下几项内容:一是高校的财务管理体制,尤其是预算资金的编制和分配方法及内部结算办法。二是内部机构设置和领导分工，包括高校本部内部机构设置及其职能权限以及所有附属单位和校办产业、控股企业，包括二级单位、三级单位性质、股权结构。这点很重要，因为如果独立学院、科研院所、实验室、后勤集团及附属中小学、医院和校办产业存在遗漏，则财务报表会存在重大遗漏。三是高校的办学模式及招生方式、在校学生人数和教师、行管人员人数，包括在编和聘用人员。因为财政补助的依据是学生人数和补助定额，采用"生均综合定额＋专项补助"预算管理方式，根据合理的师生比系数进行修正；教育事业收入的编制依据是学生人数和收费标准，即将高校合理性正常运营支出平均分摊到每个学生身上，按在校学生人数进行补助，这是编制预算收入和支出的关键。我们不是进行预算审核，但我们需要了解在校学生的情况，还需要了解教师及行政管理人员的情况，了解在校生的类别、教师的编制、职级等，询问人员超编原因。四是内部控制制度。包括固定资产购置的申请和审批制度，验收制度和付款审批制度；对外投资的审批和决策机制；对外借款的审批权限；票据管理制度、专项经费管理办法。五是基建情况，包括在建及竣工完成的基建项目及其移交使用情况。六是营运项目情况，包括合作办学、科研项目，尤其是科技项目立项计划、结题报告、横向科研项目合同、进度及经费使用情况。七是高校的收费项目、收费标准及审批文件，评价高校内部控制制度有无薄弱环节，是否健全，是否得到执行，决定实质性测试的深度和广度。八是非财务资料，包括高校会议记录、业务工作计划、年度工作总结、合同或协议、考核办法以及相关台账等，这是查找未入账资产及业务收入的主要线索。

（三）执行实质性审计程序

高校财务报表审计主要是审查年度财务报表和部门决算报表数据的合法性、真实性、准确性和完整性，以及审查表内关系是否平衡，账表、账证、账实是否相符，上下年度数据是否衔接一致以及报表间数据钩稽关系的合理性。财务报表审计重点是预算收支政策的执行情况和财政补助的结余、基金的提取和使用以及基本支出、项目支出的结转。

高校财务报表项目审计，建议按资金性质，分为预算资金循环（零余额账户用款额度、财政应返还额度、应缴国库款、财政补助收入、教育事业支出、科研事业支出、行政管理支出、离退休支出、财政补助结转、财政补助结余）；预算外资金循环（长期投资、在建工程、固定资产、无形资产、长期借款、应缴财政专户款、应付职工薪酬、教育事业收入、科研事业收入、后勤保障支出、事业基金、非流动资金基金、专用基金、事业结余）；非财政补助循环（其他应收款、存货、其他应付款、代管款项、上级补助收入、附属单位上缴收入、上缴上级支出、对附属单位补助支出、其他收入、其他支出、非财政补助结转、非财政补助结余分配）；经营循环（库存现金、银行存款、应收票据、预付账款、应收账款、短期借款、应付账款、预收账款、应付票据、应交税费、经营收入、经营支出、经营结余）四大业务循环。当然，这种划分不是绝对的，注册会计师可以根据自己的理解适当调整，譬如，预算资金循环可以与预算外资金循环合并成财政补助资金循环，在建工程、固定资产、长期借款也可以是非财政补助循环，其他收入、其他支出也可以是经营循环，通过将密切相关的交易种类或账户余额划为同一块，有利于建立某种钩稽关系，这样来组织安排审计，有利于提高审计的效率与效果。

提到实质性测试，不少注册会计师首先想到的是凭证抽查，其实按照笔者的理解，高校财务报表项目审计，尤其是涉及财政资金的项目，重点使用核对的方法（因为实行国库集中支付和政府采购后，高校的收费使用财政监制票据，支出是经财政审核后支付的，凭证抽查意义不大）。与企业相比，高校财务报表审计主要有如下特点：一是公共财政资金的审计政策性强，许多报表项目审计是需要计划或审批文件的，譬如，银行账户经财政部门同意和人民银行批准；学杂费收入要核对收费许可证及政府审批文件；动用以前年度资金结余的要有财政部门的批复；设备购置、车辆维修、保险、房屋装潢、大修等要经过招标和政府采购；科研经费要有科研部门立项计划、签订科技开发合同，财政部门批准实施文件。二是许多报表项目审计要与预算指标和预算主管部门实际拨付金额核对。前述，高校财政直接支付、财政授权支付要与实际拨付金额核对；教育事业收入、科研事业收入、应缴国库款、应缴财政专户款项目审计也要与预算指标核对。三是高校财务报表项目审计更注重所有权，高校长期投资不应构成其经济活动的主要内容，国有资产的所有权必须保证安全。对外投资必须经过主管部门、国有资产管理部门和财政部门批准或备案，不得使用财政拨款及其结余进行对外投资；高校不得将其占有、使用的国有资产作为抵押物对外抵押或担保。四是对各项基金进行了详细分类，经营结余必须单独列示，避免年终结余资金结转和分配财政补助结转到非财政补助中，进一步加强专款专用。五是政府收支分类要求区别不同的类、款、项等资金渠道进行核算，突出收入与支出项目分类的重要性。

高校财务报表审计还必须重点关注《高校会计制度》新增项目的审计，一是零余额账户用款额度和财政应返还额度。在国库集中支付体制下，零余额账户用款额度是高校所获得的一个财政授权支付额度。如同银行存款，通常将其理解为其他货币资金（当然它的性质和核算内容与其他货币资金完全不同）。审查零余额账户用款额度科目，确认年末注销额度是否计入财政应返还额度，防止年终进行收支结转时突击超支。二是应缴国库款和应缴财政专户款，查看财政部门统一监制的收费票据领用、缴销及使用记录，查找应缴国库款年末未上缴的原因。三是关注高校票据的使用，财政监制收费票据用于预算资金的收取开具，结算凭证限用于各种往来款项。实行国库集中支付后，大大减少了高校不规范使用票据的可能性，但是仍有可能存在违规使用票据。必须关注高校是否存在用"结算凭证"收费，将资金作为"其他应付款"延缓上缴财政专户。"其他应付款"的审计要列出明细清单，检查资金的性质，确定是往来款性质的还是以前年度的收入。四是在建工程，基建审计并非注册会计师的长项，但只需取得必要的资料，进行核对，审查是否经发展规划部门批准，关注是否履行招投标程序，是否签订工程施工合同、工程监理合同，取得建筑安装工程价款结算单、竣工验收报告和工程质量备案表，检查预付工程款是否符合工程合同的进度以及待摊投资是否按照科学的方案分摊计入相关的施工项目中。五是累计折旧和累计摊销科目，检查高校是否按照规定的折旧年限和折旧率计提折旧并按照使用对象准确记入相应的教育事业支出、科研事业支出、行政管理支出、后勤保障支出以及经营支出，防止高校按照旧会计制度不提折旧。六是应付职工薪酬，要按编内实有人数发放，编内人数的确定可以从高校人事处获取，与人事处核定的工资发放卡进行核对。

新修订的《高校会计制度》规定独立核算单位的资产、负债和净资产加总计入总资产负债表，内部往来款项予以抵销；独立核算单位的收入和支出，以抵减后的净额加总计入高校财务报表的"其他收入"项目，所以编制高校汇总财务报表，校办企业、后勤集团审计必须先做好。

经营类收支业务，包括经营收入、附属单位缴款、投资收益、其他收入以及经营支出、后勤保障支出，对附属单位支出和其他支出。分类是很细的，这几个科目信息量很大。

新修订的《高校会计制度》将校办企业（法人实体，相当于子公司）投资收益在其他收入项下投资收益核算，而附属单位（中小学、附属医院）缴款一般是实行独立核算的承包单位（非法人实体，相当于分公司）缴入承包费等。

校办企业与附属单位的区别是，一个是法人实体，一个是非法人实体，附属单位独立核算是因为法律主体与会计主体不是同一概念，法律主体一定是会计主体，会计主体不一定是法律主体。

附属单位又分为附属事业单位，如附属学校、科研所、附属医院和附属服务单位，如学校食堂、卫生室。高校对附属事业单位是附属单位缴款，对附属服务单位又是经营收入。如果附属单位独立出去成为法人单位，譬如组建后勤集团，或者这些学校、科研所或医院是法人单位，那又是投资收益了，经营收入与其他收入和附属单位缴款核算内容又存在重复的情况，而且这是就单个高校本部而言的，对整个高校财务报表来说，附属单位缴款就是高校本身的经营收入或其他收入。从高校采用核算中心的财务体制来讲，附属单位就是一个报账单位，它不会做上缴上级支出，最多会做内部往来，或者不做账。所以，这个附属单位缴款应该设为经营收入的二级科目，下面再按附属单位设计明细科目。再者，高校管理层及教职工对高校收入存在认识误区，认为高校是财政拨款单位不需交税。税法规定，高校的免税收入不能分别核算的，与应税收入合并计算缴纳营业税和所得税。高校财务报表是反映高校财务状况的，这样设计是为了清楚反映独立核算非法人单位、独立核算法人单位及本部的盈亏状况。但是，还有一个变通的办法，就是将高校纳税收入与免税收入作为四级科目核算或者设置辅助账簿登记，这样，既帮助高校合理避税，又真实地反映了财务状况。

相应地，经营支出、后勤保障支出、对附属单位支出、其他支出是为了与收入项目配比，但这样设计也有问题，首先其他支出项目就如同企业的营业外支出一样，很难与收入完全配比的；对附属单位支出是用财政补助收入之外的收入对附属单位补助发生的支出，过去叫调剂支出，也就是内部其他附属单位缴款补助政策性差的附属单位；后勤保障支出，对附属单位支出实际上都是对独立核算附属单位的补助支出，只不过前者是财政补助资金，后者是自有资金。财政资金对附属的后勤集团支出可以列入后勤保障支出，财政资金对附属的校办企业或控股企业支出，由于人家是法人单位，则应该是增加长期股权投资了。实际中高校是很难将这两种资金分得开的，即使分得开，经营支出、后勤保障支出、对附属单位支出、其他支出核算内容也有重复的，高校是财政资金只保证基本支出和项目支出、行政管理支出和离退休支出，后勤集团收入不足以弥补支出，则通过财政资金补助，所以后勤保障支出是与财政补助收入配比的，本身也是含有自有资金的。之所以重复设置了后勤保障支出、对附属单位支出，是因为旧高校会计制度本身就有对附属单位支出，新修订的高校会计制度增设了后勤保障支出。就单个高校本部而言的，设计后勤保障支出、经营支出、对附属单位支出、其他支出，前者是财政补助资金，后三者是经营支出，但是从高校采用核算中心的财务体制来讲，附属单位就是一个报账单位，它也不会做上级补助收入，最多会做内部往来，或者不做账，只在自己限额内报账就行了。所以，笔者理解，这个对附属单位支出应该设为经营支出的二级科目，下面再按附属单位设计明细科目，然后再按是否免所得税设置纳税经营支出和免税经营支出，或设置辅助账。

我们设想，附属单位缴款和对附属单位支出设计成内部往来，这样便于汇总财务报表，但是这里面有个问题，就是附属单位缴款有可能是纳税收入。经营收入、其他收入、经营支出、其他支出本身也存在核算内容重复的问题，而且经营类业务并非高校的主要业务，为简化核算，建议只设置其他收入、其他支出，再按独立核算单位（包括本部）设置二级科目，然后按纳税与免税项目设置三级科目。但是这种分类一定要细化，否则，高校编制汇总财务报表时，与附属单位的收支项目抵销时存在困难。

所以，高校经营类业务审计的重点是收入分类及支出配比以及免税收入分开核算，避免税务机关将免税收入合并为应税收入，全额纳税，维护高校的合法权益。

高校财务报表审计还必须关注内部往来款项。高校一般设有二级独立学院、三级中小学校、附属医院、科研院所，甚至还有四级附属服务单位，一些高校还创办校办产业以及控股企业，其上下之间在资金、资产、收支业务活动中存在密切的联系。提到往来款项审计，不少注册会计师首先想到的是函证，这是证实其余额的最简单的方式。实际上这些都是关联单位，没有独立核算，无论金额对否，一般都会盖章确认的。于是注册会计师又想到抽查凭证，做细节测试，这么多附属单位，往来业务频繁，工作量很大。所以，我们认为，不必函证或抽查凭证，只要将往来款与对方明细科目核对，对不上再请高校核算中心及附属单位查找原因，如果无法进行调账，那只好考虑意见类型了。两边核对法的好处是，容易查找差异原因，例如，高校其他应付款高于附属单位其他应收款，就有可能是附属单位缴款挂账，如果附属单位其他应付款小于高校其他应收款，则有可能是高校处室或其他独立学院到该附属单位报账。

高校财务报表审计还有一个必须关注的，就是或有事项，查找与高校账内存在一定联系的或有事项，关注存在或有事项的迹象，高校银行账户经财政部门备案为查找或有事项提供了一定的方便；往来款项会显示可能显示遗漏的附属单位或校办产业，账面有房屋租金收入，但相应的房屋账面没有记录，可能存在已竣工但未办理产权登记及入账手续；将房产、设备管理部门的统计台账、固定资产卡片与固定资产明细账核对，可能发现未入账的房产、设备；到高校校区，尤其是新校区察看，记录房产数量、坐落，新旧程度，与高校固定资产和在建工程明细账核对，查找账外房产；查看校内校外店面房及住宅性用房出租，检查高校明细账，查看这一房产以及租金收入是否入账；办理汽车保险费的合同与单据可以提供实际拥有汽车的数量；实地盘点车辆、设备，如果存在数量较多的盘盈，则可能存在未入账的车辆、设备，如果存在数量盘亏，有可能是变卖设备、报废车辆，账面未做处理。取得银行贷款卡，检查有无对外担保事项；检查预付账款明细账，看是否存在人民法院等敏感单位，询问是否存在未决诉讼；其他支出明细账看是否存在案件受理费、诉讼费支出，追索寻找是否存在未入账担保责任。值得一提的是，与高校账内没有联系的或有事项，注册会计师不必投入更多的精力，也没有必要或可能专门查找或有事项。

值得一提的是，高校财务报表审计是履行受托责任，是为财政监管工作服务的，除了执行审计准则的规定，按常规出具审计报告外，还可能负有对财政部门出具其他监管报告的责任。不过，这种监管责任描述应该是粗略的，如果过于详细，注册会计师关注点过多，不太现实，而且专项经费的明细应当在专项审计报告中体现。大体上讲，如下事项需要予以关注，或在审计报告中特别说明：在校学生类别、人数，老师人数、师生比数及各类人员人数等；收费项目、收费标准及实际收费情况；应缴财政专户款入账情况；开立银行账户和账户余额情况；专用资金使用情况；年终财政补助结转和结余分配情况；对外投资和政府采购情况。

第五章 高校财务支出的内部控制

第一节 高校经费支出内部控制问题

经费支出内部控制是会计管理的核心。目前，我国部分高校的经费支出内部控制制度不健全，影响了高校的发展。本节主要针对高校经费支出内部控制相关问题进行简单分析。

随着高等教育市场国际化的加速发展，高校之间的竞争也越来越激烈。同时，国外高校大量涌入中国，与国内的高校争夺生源和其他教育资源，使得国内高校的发展面临着越来越严峻的形势。因此，传统的会计管理方法已不适应新形势的要求，高校内部会计控制制度的不健全、不严格，特别是经费支出的控制的不完善，已成为我国高校的一个突出的问题。这种现象干扰了高校教学、科研等工作的正常秩序，影响了高校的声誉，导致国家财产流失。经费支出内部控制是会计管理的核心。因此，我国的高校必须不断完善我国高校经费支出内部控制制度，要有效地发挥高校经费支出内部会计控制职能，为提高高校竞争力创造条件。

一、高校经费支出的类别

高校经费支出按照经济性质可以大致的划分为以下几种：事业支出、上缴上级支出、经营支出、结转自筹基建支出、对附属单位补助支出。下面我们进行具体的分析。第一，事业支出。事业支出是高校支出中的最重要组成部分。它是指高校在开展教学、科研及其辅助活动中取得合法报销凭证的支出，是高校经费支出的核心内容。事业支出又可分为教学支出、科研支出、行政管理支出、后勤支出、学生事务支出、业务辅助支出、离退休人员社会保障支出等。第二，上缴上级支出。上缴上级单位的资金是高校的自有资金，是指高校按规定标准或比例上缴上级单位的支出，不包括上缴财政专户的预算外资金。第三，经营支出。一般包括基本工资、职工福利费、其他工资、助学金、社会保障费、业务费、公务费、设备购置费、修缮费等。第四，结转自筹基建支出。高校用财政补助收入以外的资金安排自筹基本建设。第五，对附属单位补助支出。高校用财政补助收入以外的资金补助附属单位。

一般情况下，高校日常公用支出成本费用的发生的频率很高，是我们必须重点关注的。第一，水电费的日常控制。职工用水一般采取一户一表的方式来进行控制，对于学生用水、用电问题是水电费控制的重点。目前，大部分高校对于此方面的控制都比较薄弱，大部分的学生因为是集体住宿，很少去考虑节约用、用电的问题，导致了大量的浪费。对此我们可以采取以下的措施来进行控制：对学生进行节约用水、用电的教育；每间宿舍装一个水表，超过用水、用电部分由学生自行承担；对走廊的灯，则可以采用声控开关；对教学楼用电的控制，可以通过安装自动控制系统，只有当教室人数达到一定的要求后照明系统就会自动开启，也可以在合理核定学生数和教室容量的基础上，开放部分的自习教室。第二，业务招待费的日常控制。随着高校之间竞争越来越激烈，高校与社会的联系越来越紧密，各种应酬也不断增多。目前高校业务招待费虽然年初有预算，但由于业务费支出无明确的控制标准，使得预算并不能得到很好的控制，几乎每年都会超预算。针对这一现状，高校要对业务招待费加强控制，建议高校按照创收收入的一定比例来核定某一会计期间业务招待费的比例。第三，差旅费、会议费的日常控制。目前大部分高校对出差人员在出差期间所产生的相关费用实行包干。这种控制方式并不完善，使得高校的差旅费、会议费的控制很难达到应有的效果。因会议费用实行实报实销制度，故利用参加会议之名外出旅游的情况较为严重。国家明文规定会议不能在旅游景点举行，但是，很多的会计仍旧会安排旅游的时间。差旅费是高校经费支出的一项重要内容，对差旅费和会议费日常控制，必须对每项费用的发生制定出合理的定额，超定额部分的费用，则由出差人员自行承担。

二、高校经费支出控制点

高校经费支出的控制点主要可以从以下几个方面进行考虑：第一，经费支出财务计划预算控制。高校应根据上级下达的经费指标，本着量入为出、收支平衡的原则，参考上年度预算执行情况，结合高校自身的财力，据实编制部门预算。学校预算一经确定，就必须将相应的权利和责任落实到岗位、落实到人。同时规定非经规定程序，任何人和任何部门都无权调整预算。第二，经费支出范围与支出标准控制。建议学校实行经费支出定额标准制度。结合学校自身实际，根据财政部门、教育部门经费定额标准，制定出高校各个部门和科室的各项工作的费用定额标准。第三，经费支出授权批准控制。建议学校实行经费支出授权审批"一支笔"制度，大额开支和特殊开支必须由校长批准，各个教学院系一般正常开支由本部门主管领导审批同意，严禁越权审批、超标准审批。第四，经费支出经济责任控制。各个教学院系、机关处室主管领导是费用开支的审批责任人，他们需要对费用开支承担责任，会计机构应当认真审查各种费用开支范围，拒绝不合法、不合理的开支。第五，经费支出收支两条线控制。建议高校收费和罚没收入实行的统收统支，统一管理。各项教育事业经费支出时要严格控制，各种教育事业经费收入时应及时入库，把所有收费收入纳入学校财务集中管理，增强对资金的调控能力，杜绝自收自支，提高资金的使用效益。

第六，经费支出监察审计控制。高校应规范各个教学院系、机关处室的费用开支行为，定期或者不定期的检查费用预算执行情况，会计机构、会计人员应当积极相关的会计监察部门加强办学费用的监督检查，对于计算实际费用与预算之间的差异，要积极的分析其原因，采取有效措施纠正错误，判明责任归属。

三、高校经费支出内部控制存在的问题

目前，高校经费支出存在的问题主要表现在以下两个方面：第一，内部会计控制滞后。内部会计控制在执行中缺乏有效性和主动性，内部会计控制的项目不够全面，普遍缺乏风险意识，盲目扩张，不考虑投资风险与收益之间的关系，决策缺乏有效的监督。同时，内部会计控制约束的对象不够全面。相应的监督只是针对财政经费进行会计处理的人员，忽略了各校办产业及后勤实体等进行会计处理的人员。另外，内部会计控制的范围不够广泛。有些高校未将二级财务纳入内部会计控制的范围，对各项往来款项的审批控制不严格，对创收经费等的内部会计控制不健全。对于基建账务的处理，由于很多会计人员对基建的情况又不够熟悉，缺乏有效的内部会计控制。目前，大部分高校的内部控制往往处于被动的状态，都是出现了问题以后才想着怎么去解决，都属于事后处理，为犯罪提供了机会。第二，"有法不依与执法不严"。由于高校对会计人员过分强调服务及服务意识，使得会计的监督职能得不到有效的开展。会计人员如果发现了弄虚作假的行为，也都是不给予报销或弄清后再报，对于不给予报销的，若会计人员坚持原则就会被说成思想僵化，会计人员的监督行为得不到相关部分的支持和肯定，使得很多的会计人员对会计经济业务的内容审核也常常睁一只眼闭一只眼，使会计人员失去了经济业务事项内容审核的职能。

四、高校经费支出内部控制的对策

（一）树立正确的内部会计控制意识

财务内部控制涉及全校教职员工，只有将所有的部门、所有的人员都囊括到经费支出内部控制中来，才能控制好财务内部工作的每一个环节，才能真正发挥内部控制的作用。各高校应当转变原有的观念，树立正确的内部会计控制意识，重视"人"的因素，加强风险控制意识。第一，充分重视内部会计控制中"人"的因素。"人"的因素是内部控制的重要因素。内部控制行为是人的行为，拥有一批有水准、讲诚信、有道德、坚持原则的执行人员是内部控制发挥其作用的重要条件。内部控制人员要具有较高的理论水平和较丰富的会计知识，要熟悉有关政策、法令、法规，能认真执行党和国家的财政方针、政策，能认真执行学校的各项规章制度，要有认真负责的工作态度，求实、严谨的工作作风。同时，还要具备最基本的会计职业道德。第二，要树立风险控制意识。在高教事业发展中，存在着许多的危险因素。由于是现阶段高校与社会的联系越来越紧密，高校之间的竞争越来越激烈，使得高校的风险不断增加，教育培养成本提高、教育资源浪费、举债办学都已经成

为限制许多高校发展的重要因素。因此，高校应大力加强内部风险防范措施，建立有效的风险管理系统，设立风险控制点，通过风险预警、风险识别、风险分析等对财务风险和经营风险进行全面防范和控制。

（二）建立完善的监督评价机制

加强对高校经费支出的监督是加强对其控制的重要内容。高校应健全内部审计机构，充分调动审计部门的积极性，以促使审计的再监督作用的充分发挥。首先，学校领导要充分认识审计部门的作用和地位，要给予内部审计部门足够的重视。明确审计部门的职能，保持内部审计部门的独立性。高校的其他部门也应充分的配合内部审计部门的工作，会计机构、会计人员应当积极协助相关部门规范各个教学院系、机关处室的费用开支行为，定期或者不定期的检查费用预算执行情况。作为审计部门自身应定期检查高校内部会计控制制度的执行情况，及时的发现其中存在的问题，并寻求解决的对策。高校内部审计还要对经费支出内部会计控制作出评价，正确的、科学的评价内部会计控制制度的完整性、合理性和有效性，将评价结果与各个教学院系、机关处室的奖金结合，严格进行奖励和惩罚，提高办学费用的使用效益，通过强化内部审计的监督，保证会计信息的真实性与决策的有效性。

五、经费支出的具体控制措施——以教育事业费支出为例

以一般规模的高校为例，其在校生为 30 000 名左右，职工 2 000 人左右。实行"集中管理，一级核算"的财务管理体制。学校财务会计工作实现电算化，对高校教育事业费支出控制系统进行设计。

（一）预算控制

第四季度，编制下一会计年度教育事业费支出预算。年度事业支出预算由各"专项项目"支出预算和各部门"日常项目"支出预算组成。在"量入为出，收支平衡""加强论证，零基预算"的编制基础上，抽出政策性强、人为影响弱的支出项目，列作学校的"专项项目"，由相关部门进行论证和预算。由各部门对本部门特有或专门事务发生的支出进行测算，编制"部门专项项目预算"并附所需经费的详细说明。各部门将"部门专项项目预算"上报，然后由高校财会部门和发展规划部门初审联签，报学校财经委员会审核决定，由财会部门会同相关部门根据以前年度支出水平分别测算出教学部门和管理部门的人均日常办公经费。同时结合各部门人数计算出该部门的"日常项目"支出预算，报校财经委员会审核批准，将校财经委员会核批后的支出预算，汇总形成学校教育事业费支出预算，然后由校长办公会研究决定。最后，还要发文颁布学校年度教育事业费支出预算，明确各项目的支出范围，提出依据考核结果进行奖惩的具体措施。

（二）机构设置

在预算编制控制过程中，设置规划发展部门与财会部门。两个部门会审联签各部门编制的"部门专项项目预算"。学校财经委员会审核批准。最后由校长办公会决定并发文颁布实施，以避免出现虚构任务现象，这样有利于预算的执行及其考核。

（三）授权审批

不同级别的负责人负责的审批金额不同。

财会部门统一设计并印制字模卡，将其作为财会部门判别相关签批手续真伪的基本依据。负责审核的相关财会人员必须要非常的熟悉各级负责人的签字笔迹。如果需要变更笔迹，应重新提取新的字模。各预算部门负责人如果是作为经办人开展的项目，不能自己签批，均由其上一级领导进行签批。校长作为经办人发生的各项目支出事项，原则上要由主管财务校长签批。

第二节　高校支出预算执行控制

预算管理是高校财务管理的主要内容，高校支出预算执行控制是预算管理的关键，建立高效的支出预算执行监控网络和信息系统，可以大大提高支出预算执行的效率和资金的使用效益。

近年来，我国高等教育事业实现了跨越式的发展，高校办学规模迅速扩大，资金总量也不断增加，高校的财务管理必须与时俱进，不断加强和改进。预算管理是高校财务管理的主要内容，对高校来说，财政拨款和学费收入是收入的主要来源，收入预算是比较稳定的。高校在积极组织落实收入的同时，应坚持"量入为出、收支平衡"的原则，将预算执行控制的重点放在支出预算的控制上。但是，在支出预算的管理上，普遍存在重预算编制、轻预算执行过程控制的现象，尽管一些高校在预算编制过程中花费了大量的精力，但是由于对预算执行过程缺乏良好的控制，资金效益并不明显，常常超支失控，学校领导和财务部门对经费超支缺乏对策。

一、造成支出预算执行控制不力的原因

（一）预算编制过粗

编制预算时，首先应充分了解学校的发展规划和下一年工作目标，对往年的收支情况进行比较透彻的分析，从而为预算编制做好充分的准备。反之，如果对预算资金的收支缺乏统一的筹划，对收入支出项目调研论证不够，就会导致预算编制过粗。预算资金使用的灵活性大，随意性也大。年度开始，大刀阔斧地安排项目，等有了更重要的项目反而没钱

了，难以保证正常运转或重点项目建设所需的资金。由于预算控制不力，也给现金流量的控制增加了难度，可能导致现金支付能力不足，一些学校实际上就是靠借新还旧来维持学校的正常运转。

（二）预算执行的控制流程不清晰

在预算执行控制不好的高校，各级管理者和财务部门往往只注重经费核算，而不注重对预算执行过程进行系统的管理。在预算执行过程中，缺乏系统的预算控制流程，常常由于部门之间沟通不及时而使控制脱节，预算安排了，项目进展情况无人过问，有的项目甚至拖延几年还没完成。

（三）预算管理信息系统不健全

目前许多高校使用的财务软件中虽然有预算管理的模块，但也只是将被批准的项目指标控制数下达到会计核算系统，主要控制超支，而对于项目的招标、签约、采购等过程还没有建立起信息化的数据库管理系统。分析预算执行情况时工作量大、效率低，远远滞后于财务工作现代化、信息化的要求。这种不健全的财务预算体系往往顾此失彼，难以实现预算的整体目标。

（四）对预算执行缺乏绩效考核和评价

由于在预算执行的中期没有检查，对执行的结果缺乏总结、绩效考核和评价机制，使预算执行监督的力度不够。

二、加强高校支出预算执行控制的对策

（一）细化支出预算的编制

高校的预算编制实行零基预算，采用"二上二下"的编制程序，"一上"时一般为"不限制"上报，"一上"的支出预算往往远大于收入预算，根据"量入为出"的原则，通过对"一上"的预算进行初审、论证，做出"一下"的预算控制数。支出预算一般分为"维持性支出"和"专项支出"，维持性支出是保证正常教学秩序、维持运作的基本费用，专项支出依据职能部门汇总上报的需求，按支出类别将经费切块，由职能部门按授权审批的规定安排支出，经过"二上"和"二下"的程序后，预算被正式下达实施。

预算的上报、审核、论证、审批等每一个环节，都应该在学校财力许可的范围内进行，学生人数、教学时数、开支定额标准等重要依据材料必须准确、齐全，以前年度支出情况的分析也是预算编制的重要依据。此外，还要按支出类别和申报项目进行深入的调研，只有这样才能将预算尽量细化，使有限的资金发挥更大的作用。

（二）完善项目立项和执行跟踪的流程

预算下达以后，预算执行过程的跟踪控制是实现预算目标的保证。对于维持性支出预算，如人员工资、水电费等，只要根据开支标准逐月审核，对照预算，比较容易实现监控。

支出预算的合理性和有效性更多地体现在专项切块资金的使用上。专项切块资金，一般是根据各单位上报的项目预算初步核定的，在预算执行时还应该对实施方案和明细预算进行详细的审核，才能批准实施，从下达指令到项目结束，还要经过招标、签约、支付等环节。因此，要对预算项目进行控制，就必须建立起有效的支出预算执行控制系统。财务部门在预算执行控制过程中起主导作用，应联合审计、招标等部门以及项目的主管实施部门，形成一个支出预算控制网络，对项目的立项、执行、结项等各个环节进行全过程跟踪。如某高校安排某年常规维修专项 500 万元，预算编制时由后勤部门提出项目清单和预算，在预算批准下达后，还要逐项审核开支内容和价格，确定后再批准实施。

立项过程涉及很多部门和人员，各个环节都行使不同的职权并承担不同的责任。在立项申请被批准以后的实施阶段，由相关职能部门负责执行立项申请的相关要求。常常有人质疑，如果所有的开支都经过流程中的所有环节的话，可想而知其效率会是很低的。但是我们应该通过规范制度、理顺流程和宣传解释工作，让教职工了解这种流程式的审核制度是控制的需要，在控制和效率发生冲突的时候，并没有完美的解决方案，只能尽量完善流程，以求得控制和效率在一定程度上的平衡，如制定限时审批、分级授权等措施来提高办事效率。立项审批流程及授权的设计应按照流程设计原则，强调控制和效率的平衡，考虑本单位的实际情况（包括业务性质、组织机构的设置、管理的政策规定等）来确定。立项审批流程和授权应定期进行评价，不断优化和完善，以适应学校管理的要求。

（三）建立健全预算管理信息系统

建立预算管理信息系统，可以使预算执行的效率大大提高。预算管理信息系统可以是整个财务管理系统或者整个学校管理系统中的一个模块，而且应该和相应的一些模块（或子系统）有数据的接口，如资产管理系统、财务核算系统、合同管理系统等，做到实时管理和数据共享，从而构成完整的预算管理体系，使支出预算实现实时监控，使各级管理者与财务部门的沟通更加高效。

预算管理信息系统从功能上来说，应当可以实现对预算编制和执行过程的所有数据进行管理，要能对预算申报数、预算批准数、预算变更数、立项数、合同承诺数、合同变更数、支付数等进行全面和实时的管理。预算管理信息系统还应当可以按预算类别、部门或项目进行管理，要能够实现对资本性支出预算、收益性支出预算、库存采购预算、收入预算等的分类管理，还要能够对总预算和部门预算进行管理。

（四）开展预算执行的中期检查和绩效评价

预算下达实施以后，对预算执行过程的中期检查也很重要，中期检查可以及时发现项目立项和实施中存在的问题，发现问题及时调整。项目结束要及时组织验收和结算，对结余资金要及时收回指标。应该建立起项目结项总结制度，财务和审计部门还应该组织对项目进行绩效分析和评价，通过综合分析评价对项目立项的合理性、效益或效果、管理流程进行总结，并将结果纳入部门或人员的目标管理考核体系之中，从而对预算管理起到激励和促进的作用。

综上所述，高校支出预算执行的有效控制是预算目标能否圆满完成的关键，过程管理是一项复杂的系统工程，需要学校财务部门与各级管理者积极沟通与配合，并建立起高效的预算管理信息系统，使预算目标得以实现，以保证学校各项事业的顺利发展。

第三节　高校项目经费支出的三级控制

对经费进行项目管理是高校财务管理的通行做法，为了维持预算的严肃性和财务的稳健性，提高经费管理的精细化水平，高校财务在多个层面对项目经费的支出进行控制，以确保经费在预定的范围和额度内进行开支。本节归纳了包括资金来源控制、项目余额控制和支出预算控制的三级控制体系，分析了高校财务如何通过会计科目、资金来源、预算模板和项目之间的关联关系构筑这一控制体系，描述了各级控制的实现过程，探讨了其中的若干问题。

高校项目经费，是指高校按项目进行财务管理与辅助核算的经费。高校对经费进行项目管理，目的之一就是要控制经费支出，确保经费在预定的范围和额度内进行开支，维持预算的严肃性和财务的稳健性。高校财务对项目经费的支出控制，按照由上至下的层级顺序，可以分为资金来源控制、项目余额控制和支出预算控制三级。

一、资金来源控制

（一）资金来源的概念

资金来源，是指财政部门批复的高校部门支出预算中的明细科目和项目。预算明细科目和项目一般由校内若干具体项目汇总而成，具有不同的负责人、财务编码和预算金额。高校财务部门在收到财政预算拨款或国库额度后，会将预算进一步分配、下达到各具体项目。于是，预算明细科目和项目就成了校内各对应具体项目的资金来源，具体项目是资金来源在校内的细化和再分配。

（二）资金来源的功能

高校财务系统通过设置资金来源管理模块，可以实现一系列功能：

（1）资金来源可以承担部分预算会计明细科目及项目属性的功能。例如可以通过资金来源的属性设置，区分"财政拨款""非财政专项资金"和"其他资金"等资金类型，区分"基本支出"和"项目支出"等资金性质，区分"财政直接支付""财政授权支付"和"一般支付"等支付方式，以及记录支出功能分类科目等。通过资金来源管理模块进行以上属性的区分，可以减少预算会计科目的明细分层设置，并可通过与项目的关联，简化项目属性设置。

（2）资金来源具有核算支持和出纳支持的功能。核算支持，是指资金来源与项目进行关联，并与"银行存款"和"零余额账户用款额度"科目进行关联，再通过会计凭证的资金来源借贷平衡检查，就能确保不同资金来源的项目与其对应的银行科目相一致。例如，某项目 X 采用国库集中支付，其对应的资金来源为 Y，资金来源 Y 的支付方式为"财政授权支付"，其关联的银行科目为"1011- 零余额账户用款额度"。当项目 X 发生 1 000 元支出时，借记其费用科目 1 000 元，并且由于项目 X 关联资金来源 Y，同时借记资金来源 Y1 000 元，贷记"1011- 零余额账户用款额度"科目 1 000 元，并且由于"1011- 零余额账户用款额度"科目关联资金来源 Y，同时贷记资金来源 Y1 000 元，这样资金来源 Y 就实现了借贷平衡。如果项目 X 的支出贷记了"1002- 银行存款"科目，由于"1002- 银行存款"科目并未关联资金来源 Y，就会导致资金来源 Y 的借贷不平衡，因而无法通过。

出纳支持，是指对于采用财政授权支付的资金，可以利用资金来源中记录的资金性质、支出功能分类科目等属性自动生成财政授权支付令。

（3）资金来源具有支出控制的功能。利用资金来源余额进行支出控制，是通过资金来源与银行科目（"银行存款"和"零余额账户用款额度"）的关联来实现的。当项目收到拨款时，借记银行科目，同时借记资金来源，资金来源的余额增加。当项目发生支出时，贷记银行科目，同时贷记资金来源，资金来源的余额减少。这样就可以通过资金来源的余额，对资金来源关联的所有项目进行总体支出控制。

（三）资金来源支出控制的实现场景

资金来源支出控制的主要对象是采用国库集中支付的财政拨款资金。

以 A 大学为例，其某年度部门支出预算中有以财政拨款为经费来源的预算项目 B，批复金额 100 万元，采用财政授权支付。预算项目 B 在 A 大学校内细化为 10 个具体项目。A 大学在财务系统中建立预算项目 B 所对应的资金来源 C，并将 10 个项目与资金来源 C 进行关联。当 A 大学的零余额账户中收到预算项目 B 的额度 100 万元时，借记"1011- 零余额账户用款额度"科目，资金来源 C 的余额增加 100 万元。

A 大学出于内部管理及加快预算执行进度的需要，经过严格的校内申请、论证和审批程序，决定对预算项目 B 对应的具体项目进行"超额拨款"，以使资金向能花钱、花钱快的项目倾斜，提高资金使用效率。10 个项目共获得经费额度 110 万元，超出资金来源 C 余额 10 万元。随着业务的开展，项目每支出一笔资金，资金来源 C 的余额就会相应减少。临近期末，预算项目 B 的国库额度已使用完毕，资金来源 C 的余额变为 0。此时，10 个项目中的某一项目由于经费使用率低，尚有项目余额 2 万元，但当其再进行经费支出时，就会由于资金来源 C 超支而无法通过。期末，A 大学将 10 个项目的剩余余额（如有）统一收回。

二、项目余额控制

项目余额控制，是传统意义上的支出控制方式，是通过项目与会计科目的关联，生成项目余额表，利用项目的"可用余额"进行经费支出控制。项目余额表可分为"统计型"和"控制型"两类。

（一）统计型项目余额表

统计型项目余额表是传统意义上的项目余额表，它一般包括"期初数""本期收入数""本期支出数""暂付款数""项目余额""冻结金额"和"可用余额"等字段。当与项目关联的收入、费用、预付账款等会计科目发生记账时，其发生额会分别计入项目余额表的相应字段，"项目余额"和"可用余额"则由其他字段通过加减运算得出。可以看出，统计型项目余额表除了可以通过"可用余额"进行经费支出控制，还具有一定的报表统计功能，能反映项目的收、支及结余情况。

（二）控制型项目余额表

控制型项目余额表一般包括"期初数""本期增加数""本期减少数""项目余额""冻结金额"和"可用余额"等字段。项目虽与会计科目建立关联，但不考虑科目类别和余额方向。无论关联的会计科目属于哪一类、科目余额在借方还是贷方，只要其贷方有发生，就视为项目额度增加，将贷方发生额计入项目余额表的"本期增加数"；只要其借方有发生，就视为项目额度减少，将借方发生额计入项目余额表的"本期减少数"。控制型项目余额表摒弃了报表统计功能，将目标精简为生成项目的"可用余额"并进行经费支出控制，报表统计功能则由项目预算管理模块提供，因而可以简化财务系统设计、减少数据计算、避免功能重复。

三、支出预算控制

支出预算控制，是根据项目支出预算中每一预算项的"可用余额"进行经费支出控制，是在经费开支范围层面的支出控制。

（一）预算模板

不同类别的项目，根据各自的经费管理办法所规定的开支范围，关联相应的预算模板。不同的预算模板包含不同的支出预算项，如"劳务费""业务费"等。每个预算项关联一个或多个支出经济分类科目，例如："劳务费"关联"30226-劳务费""业务费"关联"30206-电费""30213-维修（护）费"等。

（二）支出预算执行控制表

支出预算执行控制表以预算模板的预算项为行，以"预算数""支出数""冻结金额"和"可用余额"等字段为列。当项目初始化时，将批复的项目支出预算金额写入对应预算项的"预算数"。当开支经费时，财务系统会通过"项目——预算模板——支出经济分类科目"的关联关系，检查所开支的费用类别是否允许支出、属于哪个预算项以及是否超支。如果检查通过，则将支出金额计入费用所属预算项的"支出数"，此预算项的"可用余额"

减少；反之，则拒绝开支请求，实现了经费支出控制。

支出预算执行控制表是网上报销系统的基础。网上报销系统读取支出预算执行控制表的数据，将可开支的费用类别和可开支金额展示给报销人，并检查报销金额是否超支。这样就可将支出控制提前，避免出现进入财务系统进行账务处理时才发现费用类别不允许开支和超支的情况，实现了"让数据多跑路、让报销人少跑腿"的目标，提升了财务服务水平。

支出预算执行控制表还具有报表统计功能，可以直观地反映项目的明细支出情况及预算执行率，便于项目负责人了解经费使用进度、合理安排经费的后续使用、编制项目财务决算等。

（三）资金冻结和冻结金额

冻结金额，是没有实际支出但需要提前占用的、不能被其他业务所使用的一部分资金额度。随着网上报销的普及和"业财融合"的推进，很多业务提出了资金冻结的需求，资金冻结有了更多的应用场景，在经费支出控制中发挥着重要作用。因此，项目余额表和支出预算执行控制表都设置了"冻结金额"字段。

资金冻结的应用场景一般有以下几种：

（1）网上报销冻结。用户在网上报销系统提交预约报销单后，报销金额处于冻结状态。财务部门对预约报销单进行审核记账后，冻结释放并转为支出发生额。

（2）业务系统冻结。校内业务系统（如采购平台等）通过数据接口与财务系统进行数据交换，用户可直接在业务系统内进行财务结算，业务系统生成结算单后，结算金额处于冻结状态，财务部门对结算单进行审核记账后，冻结释放并转为支出发生额。

（3）人员费冻结。项目组自聘工作人员、招收博士后、招收自筹经费研究生等，明确由项目经费承担工资或奖助学金的，为保证薪资补助的及时、足额发放，避免资金被其他业务占用，需要提前将这部分人员费冻结。

在资金冻结功能出现之前，报销过程中时常发生资金被其他业务占用的情况，给报销人和财务人员的工作造成了反复。这也凸显了资金冻结功能的重要性，它既是网上报销系统的基础，也是在业务系统中进行财务结算的前提。项目和预算项的实际余额减去冻结金额才是它们的可用余额。但是资金冻结功能也有一些弊端——如果经办人在将资金冻结之后迟迟不办理财务入账，就会导致资金的长期占用，影响资金使用进度。这就需要通过设置冻结有效期等手段加以解决。

随着经费出资方和主管方对经费预算管理要求的进一步提高，也出于高校内部对经费管理更加精细化的需要，高校财务对项目经费的支出控制必须从传统单一的项目余额控制向多维度、多层级的经费支出控制体系改进。借助财务信息化的发展和财务管理系统的更新换代，高校财务部门通过财务系统各模块之间复杂而严谨的关联关系建立起项目经费支出的三级控制体系，既扩展了支出控制的广度和深度，又实现了控制节点的提前，强化了项目预算执行管理，提升了高校财务管理和内部控制的水平。

第四节 高校财务费用支出管理和成本控制

基于高校财务收支不平衡的现状，我们认为高校财务管理的工作重点就是要加强财务费用支出管理，强化高校成本控制，以此提高高校财务管理工作水平，发挥高校经费使用效益，实现高校的可持续发展。

高校规模的不断扩大，使得高校的财务费用支出项目越来越多，但是高校获得财政支持的规模却没有得到相应的增加，因此为实现高校的可持续发展，将财务风险控制在合理的范畴内，必须从高校的财务费用支出和成本控制两个方面入手，通过优化财务费用支出的管理，实现高校成本控制的最优化。

一、高校财务费用支出管理中存在的问题

高校财务费用支出主要是高校为了教学、科研以及进行其他经济活动而产生的经济费用支出，其主要包括事业支出、科研支出、专项经费支出、经营支出以及自筹建设支出等等，财务费用支出是高校采取管理工作的重要内容，目前高校的财务费用支出管理中存在一定的问题。

（一）高校经费支出比例不合理

据相关资料显示，我国高校的基建支出经费比例较高，当前高校的主要财务经费应用于高校的基础设施建设中，高校进行的信贷融资资金也主要是应用于高校的基建工作中，应用于高校教学、科研中的比例较少，结果导致高校的硬件设施越来越完善，但是高校的教学质量却没有得到相应的提高。另外高校的教职工比例结构严重失衡。我国高校的授课教师占全校教职工的比例还不足 50%，较多的辅教和后勤管理人员的工资要占高校人员经费支出的很大部分。

（二）高校财务预算控制不严

当前高校的财务核算主要采取的是收付实现制，这样不能真实反映高校的资产情况，例如高校的拖欠学费不能如实反映到高校的账目中，影响对高校会计信息的全面掌握，导致高校的资产总额与实际情况不符。同时由于高校属于事业单位，因此财务管理主要实施的是以高校领导签字就可以报销的模式，这样就会导致在实际工作中存在先报销后入账的问题，使得高校的预算会计控制落实不到实处。

（三）财务工作人员的综合素质有待提高

随着高校规模的不断扩大，高校的财务工作越来越复杂，工作要求也越来越高，因此对会计从业人员的要求也就越来越高，但是目前高校的财务工作人员的综合素质还远远不

能满足高校财务管理工作的需要。一是高校财务工作人员的业务能力不能适应高校财务开支费用的要求，例如财务人员在应对各种财务费用支出情况时不能合理进行分辨；二是财务人员在应对各种名目的报销时不能按照相应的职业道德规范进行，甚至一些财务人员还会纵容虚假报账行为。

二、完善高校财务费用支出的对策

（一）建立健全高校支出的内部控制制度

建立完善的内部控制制度是有效规范财务费用支出的有效途径，因此必须要从多方面入手规范财务费用支出的内部控制制度。一是要树立内部控制的意识。高校的所有教职工都应该树立内部控制的意识，发挥自身的主观能动性，积极地按照内部控制的相关制度规定约束自己的行为，例如高校科研人员在进行科研项目时要树立节约意识，避免不必要的经济开支；二是注重风险防范。由于高校之间的竞争，高校为了获得更多的生源，他们会采取举债的方式扩大高校的建设规模，虽然高校的建设质量越来越高，但是高校的债务也越来越高，因此合理控制高校的财务风险是内部控制制度建立的根本所在；三是建立校长负责制的内部控制。高校具有独立的法人，校长是高校的法人代表，因此为了强化高校财务支出的制度化，必须要建立校长负责制，以此实现高校财务工作的规范化。

（二）加强财务费用支出的监控

为了降低财务费用支出过程中出现徇私舞弊，个人贪污的现象，高校应减少现金支付形式。高校要积极借助校园一卡通和公务卡实现高校财务费用支出的电子转账支付，例如高校对贫困生生活补助的发放要由以前以现金支付的模式，转化为个人储蓄卡转账的模式，以此实现高校财务费用支出的自动化、网络化。另外高校也要加强对财务费用支出情况的信息公开。高校要采取定期与不定期的方式对高校的财务信息进行公开，尤其是要对涉及重大财务费用支出的项目更要进行公开，并且鼓励校内师生进行监督，对师生提供的监督线索要重点对待，并且对发现存在财务费用支出不合理的现象要及时制止，并且给予责任人相应的处罚。另外高校也要成立财务费用支出监督小组，高校要建立专门针对财务费用支出监督的组织，监督学校办学经费预算的执行情况，对二级学院、职能处室的经费进行定期监督，以此提高高校财务费用的使用效益。

（三）优化岗位设置，加强财务印章空白凭证管理

提高对高校财务费用支出的管理，必须要在岗位设置上入手，根据高校财务工作的需要，优化财务工作岗位，尤其是要通过优化岗位设置，实现人力资源的最优配置，因此高校要建立轮岗制度，通过竞争引进优秀的财务工作人员；高校也要加强对财务印章的管理，财务印章是高校财务费用支出的最后一道凭证，也是实现财务费用支出的重要工具，因此高校要加强对财务印章的管理，建立专人保管机制，严格规范财务印章的使用流程，避免

出现违规的现象，进而导致不合理的费用支出。另外高校也要加强对空白凭证的管理，比如不能在空白凭证上如现金支票或者转账支票进行盖章。

三、高校成本控制的措施

基于当前高校财务风险的严峻性，高校一定要做好成本控制，以最小的成本投入获得更大的效益是降低高校财务风险的有效途径，因此高校应该采取以下措施。

（一）做好财务预算，规范资金的使用

财务预算是高校资金使用情况的基础，制定完善的预算管理机制是提高高校资金使用效益，降低资金浪费的主要手段，因此高校在进行财务预算编制时一定要遵循"收支两条线"的原则，保证高校的所有经济收入都要纳入财政体系中，并且要严格按照教育经费的规定合理使用资金，达到收支清楚、科学核算的目的；另外高校也要站在全局发展的角度，对资金支出进行优化设计，优先考虑急需要资金的重大项目，尤其是关系到高等基础教育的项目。高校财务管理人员要用科学的手段对每一项财务工作进行收支预算，争取做到财务工作的收支平衡和数据的真实准确，一定不要刻意地隐瞒真实的资金数据和预算结果，以免造成严重的经济损失。

（二）切实做好高校的投资管理工作

随着高校的多元化发展，高校与市场的联系性越来越强，尤其是高校将科研项目转化为市场商品的能力在不断提高，在此环境下，高校的投资行为就会越来越多，因此做好高校的投资管理工作是做好高校成本的重要举措。针对高校部分人员利用科研项目谋取个人利益的现象，高校一定要加强对投资管理工作的管理。高校财务审计部门要全程参与高校投资项目过程中，实现动态的审计监管模式。财务部门要对投资活动进行监督，尤其是对投资活动过程中的资金使用情况进行监督，避免高校的投资资金被挪为他用。

（三）提高财务管理人员的综合素质

一方面高校的财务管理人员要严格约束自己，要树立以人为本的理念，严格履行自己的责任，做好高校财务管理的每一份工作，把握好自己的底线与自己的责任与义务，不要越界和做一些对自己不利的事情；另一方面高校要建立完善的激励机制，多关心财务工作人员，定期对财务相关人员进行培训，提高财务管理人员的相关专业知识和自身素质，提高他们的工作积极性。

总之，由于当前高校发展过程中面临较大的资金压力，因此必须意识到财务费用支出管理与成本控制的重要性，进一步优化成本支出，提升办学效益。

第五节　高校科研经费管理内部控制

本节从高校财务支出内部控制的视角出发，分析高校科研经费管理中项目申报、经费拨付、经费支出、结题验收等环节的风险和问题，提出对建立健全高校科研经费的管理体制和运行机制、完善科研信息系统、加强环节审批，以加强科研经费管理的思考。

一、高校科研经费管理存在的问题

（一）项目申报环节

项目立项申请准备工作不够。实际工作中，由于学校科研人员对申报项目的政策文件和申报要求研究不充分，往往容易出现科研项目规划和准备不足，临时突击申报项目的情况。

对项目申报的论证审核不严。一些高校出于多争取项目、多拿科研经费的考虑，在鼓励科研人员积极申报课题争取经费的同时，往往忽略了对科研项目申报的论证和审核。

对申报项目的预算编制审核把关不严。一些科研人员缺乏预算编制方面的专业能力和经验，如果学校又没有严格的事先审核把关，容易导致所编制的项目预算因为不科学、不恰当而在评审环节时被扣减经费，或者因为经费编制不准确、不完整，在项目执行时出现了大量的预算调整，给预算执行带来不确定性。

（二）经费拨付环节

科研经费到账认领不及时。科研项目立项后，项目主管部门会与高校及项目负责人签订项目任务书，项目经费随后会拨付给作为项目承担单位的高校。经费到校后，经常存在相关部门没有及时公布到账信息，科研项目负责人也没有及时认领经费的情况，影响了科研工作的正常进行和经费的执行进度。

科研项目外协经费拨款不规范。外协经费是指拨付给校外其他参与该项目研究的合作单位的经费。在经费拨付时，一些高校对合作单位的资质审查不严格，没有签订规范的合作合同，或者没有严格按照合同约定付款，就可能给经费拨付带来风险。

（三）经费支出环节

经费使用的审批权限和流程不明确。高校内部涉及科研经费使用审批的部门包括学院、科研管理部门、财务管理部门、资产管理部门，有些大额资金还需要学校领导审批。一些高校内部没有明确审批权限和分工，没有制定严格的审批流程，也就难以保证经费使用用的合规性。

材料与设备采购不规范。有的高校存在采购业务不真实、采购流程不规范的现象，没有建立登记验收和出入库管理制度，导致经费使用浪费，资产安全受到威胁，带来严重的廉政隐患。

劳务费发放不规范。科研劳务费是发放给参与项目研究的研究生、博士后、访问学者和其他临时聘用人员的费用。如果内部管理控制不严，劳务费发放不按规定进行，虚构劳务业务套取经费的现象就会时有发生，使得廉政风险变大。

会议、差旅、出国费用支出不规范。有的科研人员还存在超出规定的开支标准和日程安排报销经费的问题。

（四）结题验收环节

科研项目决算编制不严格。一些项目的决算报告未严格按上级要求编制。决算编制不准确、不完整，高校的审核把关和中介机构的审计也不严格，影响了结题验收。

科研项目绩效考核缺位。科研项目结题后，高校应对项目进行绩效考核。有的高校没有建立起科学合理的绩效考核办法，也没有严格按照规定进行考核，无法对成果突出的科研人员进行奖励，也无法对违规科研人员进行追责。

结余资金使用管理不规范。科研项目结题后，结余资金一般会留校继续使用一段时间。一些高校对结余资金管理重视不够，导致经费因使用不善而被收回，或者影响学校信用，而不再被允许经费留用。

二、加强科研经费内部控制的具体措施

（一）建立健全高校科研经费的管理体制和运行机制

首先，高校应当建立健全"统一领导、分级管理、责任到人"的科研经费管理体制，明确和落实学校的主体责任、院系的监管责任和项目负责人的直接责任，形成明确的、可追究的责任体系。其次，明确学校层面各相关责任部门的职责分工——科研项目申报、合同签订、项目执行与管理、项目验收由科研管理部门负责；经费管理与核算由财务部门负责；材料与设备采购由资产部门负责；校内监督检查由审计和监察部门负责。最后，要建立和完善科研经费使用的审批权限和管理流程。科研经费使用时项目负责人必须签字，学院审核批准；预算调整、外协费等重要支出由科研管理部门和财务部门双重审核；大额资金支出由分管校领导审批。

（二）完善科研信息系统，增强信息透明度

高校科研项目多、经费多，管理难度大，学校要统筹规划，整合现有的科研、财务、资产信息管理系统，完善系统功能，建立科研、财务、资产、审计、院系、项目负责人共享的信息平台，实现从项目申报、评审、拨款、报账、验收等全程信息化管理，提高经费管理水平和使用效益。此外，高校还要建立和完善科研经费信息公开制度，在学校内部公开项目组构成、预算批复、预算调整、外拨经费、经费支出、审计与评价结果等事项。

（三）加强科研项目申报环节的审核

首先，高校应当面向国家战略和经济社会发展需求，结合自身特色优势，集结校内外优势资源，遴选和推荐具有一定研究基础和水平的科研团队、科研人员申报项目；科研人员也应当认真研读项目申报政策要求，结合自己的研究方向、研究基础和执行能力，有针对性地申报项目。其次，高校应当加强对申报项目的把关，组织必要的可行性论证，确保研究方向正确、技术目标可行、申报材料真实完整。再次，要加强对预算编制的审核，学校财务部门应当根据科研经费的管理规定，结合科研活动的特点和实际需要，按照勤俭节约、任务相关、经济合理的原则审核预算，必要时还要组织有关专家进行预算评审，以确保预算编制的科学合理、真实完整。最后，要加强对外协单位的审核把关，审核合作单位的资质、履行研究任务的能力、与项目负责人是否有利益关联关系、合作业务的相关性、以往的业绩和信用等，项目负责人也要主动申明与协作单位的关系，杜绝关联交易，防范虚假协作，科研项目必须通过校内审核后，才准许申报。

（四）完善科研经费拨付环节的管理

一要重视经费认领工作，项目经费到校后，财务部门应当及时公布来款信息，包括到校时间、金额、拨款单位等信息，项目负责人持项目任务书等凭据及时到财务部门认领。二是科研经费未经批准，不得再次分拨、转拨。三是科研经费如果有外拨合作单位的，应当进行严格审查，实行科研管理部门与财务部门双审双签制度。

（五）严格科研经费支出的审核与监管

一是要规范材料与设备采购规定和程序，严格按照相关规定执行，签订规范的合同，建立完善的到货验收登记制度和出入库制度，确保采购业务的真实性、经费使用的合规性，确保采购资产的安全完整和有效使用。二是劳务费的发放，应当明确发放对象和标准。项目负责人要确保发放业务的真实性和相关性，不得虚构和套取经费。三是加强科研会议、差旅、出国的支出管理，高校应当建立完善上述事项的事前审批制度，明确各部门审批责任；科研人员要严格按照审批的日程安排活动，按照规定的开支标准和范围支出费用，不得虚构、虚报和违规报销。

（六）加强科研经费结题验收环节的控制

一是要加强经费决算控制，项目负责人要按照上级主管部门的要求编制决算报告，财务部门要加强对决算的审核，确保经费决算真实完整。二是要加强科研经费审计工作，项目负责人应当按照审计要求如实提供会计账表和原始凭证，经财务部门确认后，提供给审计机构。审计机构应当严格按照有关规定进行审计，如发现问题要及时要求整改。三是要建立健全科研经费绩效考核制度。绩效考核结果应当纳入科研人员的个人信用记录。四是要完善科研结余资金管理，制定相应的管理办法，明确结余资金的使用年限、使用方向和审批要求，切实提高结余资金使用的规范性和效益性。

第六章 高校资产的内部控制

第一节 高校固定资产内部控制

固定资产在高校的总资产中占有很高的比重，是高校办学发展的硬件保证和基础条件。随着我国市场经济的持续发展与高等教育体制改革工作的不断深化，高校的教学规模迅速扩大，使高校固定资产价值和数量快速增长。为了保证固定资产在预算、采购、验收、处置等环节有序进行，只有提高高校自身对固定资产内部控制，才能提升固定资产的管理效率。本章对高校固定资产内部控制存在的问题进行分析，提出改进措施和建议。

一、高校固定资产内部控制管理的基本概念及目标

高校固定资产内部控制包含预算、招标、采购、验收、维护、清查、处置等流程，通过这一系列程序对固定资产内部控制进行管理。高校固定资产的内部控制管理主要实现如下五个目标。

（一）建立健全固定资产岗位管理制度

高校设置固定资产管理部门对采购的固定资产进行全面管理，每个岗位都是依据工作的内容进行设立的。在内部采取岗位轮换制度，对相关人员的工作职责和各个岗位的管理职能做到准确分配。

（二）建立健全固定资产审批制度

规定了固定资产管理部门的管理范围和审批权限，授予各部门主管人员审批权限，了解固定资产的审批流程，按照程序给固定资产办理审批，让员工对固定资产审批制度有一个清晰的认识，准确划分各部门的审批职责，把固定资产的审批责任落实到每一个人。

（三）建立健全固定资产采购验收制度

固定资产建立预算、招标、采购、验收标准可以保证高校固定资产采购顺利进行。制定合理的采购验收程序，明确相关部门的工作内容，保证固定资产的采购质量，形成一个公开透明的验收过程。

（四）建立健全固定资产日常维护制度

高校资产使用部门配合资产管理部门开展固定资产使用检查，制定日常使用和维修计划，对每一项固定资产使用进行登记，对固定资产的维护和保养依照程序报批后进行，资产保养和维修结果定期汇总、记录、归档，做好对资产的日常清查，切实消除安全隐患。

（五）建立健全固定资产报废处置制度

固定资产管理部门要对折损和使用寿命到期的固定资产进行评估，确定资产达到报废的标准，按规定的资产处置程序报废审批后办理资产的移交。培养专业的审计评估人员，确定好固定资产的处置报废标准，完善评估机制，加强对评估流程的监管。

二、高校固定资产管理内部控制存在的问题

（一）固定资产采购、配置不合理

资产管理部门编制的年度采购预算涉及范围不够广泛，存在许多遗漏。很多采购的固定资产都不属于年度预算采购的，都是由相关部门自行申请采购资金，走审批程序。年初预算并不能限制部门的采购，只要有剩余资金就可以采购，采购固定资产的随意性较大。资产管理部门在资源配置方面存在严重的不合理性。固定资产的资源有限，许多数量不多的固定资产不能做到各部门协调使用，不能做到资源的共享，部分闲置资产处于堆弃状态，资源利用率低，还有一些较为贵重的精密仪器后期的使用、维护和保养成本比较高，继而造成了资源的浪费。

（二）验收执行力不够

固定资产的管理是从采购验收开始，当前高校固定资产管理部门对采购固定资产有严格的验收标准，每一台机器设备都有专人负责验收，采购单和验货单都需要一一核对，并交由部门主管进行汇总审核。但在实际验收过程中经常受到一些不利因素影响，往往还是存在一些问题，主要有以下两个方面。

第一，招标环节和验收环节的价格不一致。高校资产管理部门在签订了招标合同之后，价格虽然已经确定，但是有些部门人员与招标单位徇私舞弊，还有一些员工掩人耳目购买了附属产品加入资产当中，导致资产在验收时价格出现偏差，前后不一致，账目出现错误。

第二，验收存在困难。一些体积大、重量大、搬运困难的国有资产必须到现场去验收，由于资产数量比较多，体积大，需要的验收人员也较多，由于较短的时间内召集的验收人员有限，只能让参与购买的人员携带购买单据一同验收，固定资产的验收程序不规范，出现账实不符的问题。

（三）固定资产维护保养存在不足

目前高校对固定资产日常的使用维护还不够重视，随着高校固定资产规模的不断扩大，固定资产日常维护保养成本大幅度提高，给相关部门的工作造成负担。固定资产的检查制

度不够健全，在资产出现问题报修之后不能及时修理，部分固定资产没有配备相应的日常维护保养的负责人，还有一些部门员工不会完全使用设备，也不懂如何正确维护保养设备，不恰当的维护保养方式反而会折损设备的使用寿命。

（四）固定资产清查处置管理不严格

高校对固定资产基本设立了比较严格的检查制度，每年都会对固定资产进行检查，检查结果却并不令人满意，依旧会有固定资产的初始记录和变更记录不清、内部调转没有准确登记、借用情况记录不清等问题，给固定资产的清查造成诸多不便。在资产清查和处置环节，资产管理部门存在资产清查不严格的情况，致使资产清查工作不能真正发挥其监督检查作用，使资产处置程序流于形式，错漏依旧存在。

（五）内部控制监察机制不完善

目前很多高校的监察审计部门还不够完善，人员有限，专业化水平存在欠缺，没有很好地对固定资产进行日常的监管，只有在固定资产出现问题时，才会采取专项的措施。部分监察审计部门专业人员素质不高，职责分配不清，责任感比较缺乏，导致在履行监察职能时不能及时有效地发现问题。

三、高校固定资产管理内部控制的优化策略

（一）加强资产配置和采购管理

固定资产管理部门在采购大型设备和贵重仪器之前，应先召集相关专业人士进行讨论，汇总出专家的意见再决定是否应纳入年度资产采购预算。根据单位事业发展前景和运营需要，在购置固定资产时，固定资产管理部门应与其他部门共同商议，对应纳入年度采购预算的资产数量以及规格，进行合理采购。给予高校资产管理部门资产调配权，可以通过调配对闲置的贵重精密仪器实现资源共享，多部门使用，减少资源的重复购置，提高资源的利用率，有效实现资源的合理分配。

（二）提高验收执行力

高校采购的固定资产一般来说金额比较大，采购的周期也比较长，在对其进行验收检查时，需要投入的人力也比较多，相关验收人员和采购人员工作量变得很大，很难做到细致的检查，容易在工作中出现忽略的地方。因此，需要更多的相关专业人员参与，对采购产品的型号规格、质量状况、采购金额把好关，购货单和验收单要和厂商提供的发票一致，确保厂家的产品质量没有瑕疵。相关专业人员在验收中发现问题，要及时停止对该项资产的验收入库，并就该项资产要求商家给予解释。

（三）加强资产日常使用和维护

1. 优化固定资产日常使用管理

高校的固定资产种类繁多、涉及广泛，相对不容易管理，容易出现疏漏，丢失资产。

所以，对每一项固定资产都要责任到人，实行源头控制，机器设备出现损坏丢失，房屋建筑出现毁损都要对该资产的负责人视情况追究责任，防止出现问题时无迹可寻。对固定资产的使用明细账目严格编制，对每一个资产使用变动以及负责人变更做到准确记录。资产管理部门相关人员岗位变更时，要做好交接工作，如相关资产交接的登记记录，账目资料详细记录等，防止原始记录出现纰漏。

2. 固定资产的维修保养优化

建立完善的维修保养规章制度，做到每个人对自己所使用的固定资产都负有责任。固定资产每次的维修保养要做好记录。工作人员定期进行维修检查，及时发现固定资产存在的问题，防止问题扩大化，降低资产的损耗度，提高使用效率，降低维护成本。

（四）加强对固定资产清查和处置的监管

高校为了完善固定资产的合理性和科学性，应完善固定资产转为出售、转让、报废等处置制度。针对贵重精密仪器等固定资产，应进行集体决策之后再行处置，要按照程序规定给产权需要变更的固定资产及时办理手续；对使用寿命到期、按规定报废的固定资产，按流程审批进行处置，对使用寿命未到期、非正常报废的固定资产，需要内部论证是否可以处置。对固定资产处置的相关账目进行仔细核对，获得的资产处置资金要及时上缴，处置过程应当公开、公正、透明，让所有人都能够密切关注到处置资产的走向变化；之后经评估机构对资产价值进行估量，通过招标、拍卖和转让等方式处置，对处置资产的相关信息进行详细的记录，以便后续对账查找。

（五）加强固定资产日常监督

高校应该设置专门的监督检查人员，完善监督检查制度，制定在实际工作中更加行之有效的方法，使管理部门的监督能够渗透到各个角落，减少由于监察不力而产生的风险。政府采购的具体规定主要适用于购买的固定资产属于政府采购的范围内的资产。不仅要对重大固定资产的采购、验收、处置进行监督检查，还要对固定资产的折旧、增值进行审计监督。

综上所述，高校固定资产内部控制建设是推动我国高校发展的重要动力，对高校的财务工作具有重要帮助，也是高校重要的管理工具。通过加强内部控制发现高校实际工作中存在的不足，进而采取有针对性的措施，对固定资产管理的各个环节和各个方面做好风险监管，保证各项教学和科研活动有序进行，促进我国高等教育事业的发展。

第二节　高校固定资产内部控制体系

加快高校内部控制体系建设是防范廉政风险、强化依法治校、完善内部治理的重要环节，更是高校全面提高管理水平的重要抓手之一。本节从高校固定资产管理现状与问题入手，分析高校固定资产内部控制的重要性及构建内部控制建设的原则，结合高校固定资产管理实际情况，提出领导重视、借助外力、完善资产内控实施机制、加强高校固定资产内部控制监督与评价等优化改进意见，构建固定资产内部控制体系，提升高校综合管理水平。

一、高校固定资产现行内部控制管理存在的问题

（一）高校管理层对固定资产内部控制的认识不足

内部控制是指"单位为实现控制目标，通过制定制度、实施措施和执行程序，对经济活动的风险进行防范和管控"。其贯穿于经济活动的全部过程，并受管理阶层、参与经济活动的全员影响。2012年12月，财政部颁布了《行政事业单位内部控制规范（试行）》，2016年4月，教育部印发《教育部直属高校经济活动内部控制指南（试行）》。单位负责人应对高校内控体系的建立健全和有效实施全面负责，但是部分单位负责人依然不明确本人为内控建立和有效实施的第一责任人，对内控控制认识不足、风险意识薄弱的问题在高校依然普遍存在。

（二）高校内部"重购轻管、重占轻用"等控制问题依然存在

目前部分高校领导及科研管理人员基本以科学研究与教学管理为主，财务管理意识有待增强。同时，高校固定资产相对于其他事业单位，种类繁多、资金需求量大且分布较为分散，其中大中型科研设备专业技术含量高，需要专业的操作与维护，但许多单位仅重视固定资产购置与占用，缺乏系统的管理与考核机制。

（三）固定资产内部控制组织机构不健全，职责不明确

一般而言，高校固定资产价值管理由财务部门负责，实物由各资产管理部门和使用部门共同管理，这易造成了权责划分不明确。由于部分高校的内部控制有待完善，对于资产的采购、使用、日常维护保养、报废等缺乏顶层的统一管控，缺乏部门之间与岗位之间的相互制衡，缺乏约束监督机制，这容易造成国有资产流失。

（四）固定资产管理制度不完善

1. 固定资产定期清查盘点制度执行力度不够

定期资产清查不仅可以及时掌握资产使用状态，提高资产的使用效率，也是防止资产人为任意处置的行为发生，更可以及时发现账实不符、物位不符、账人不符等现象。2006年和2016年国家先后开展了两次大的国有资产清查工作，并且要求各单位按照国家资产清查规定建立相关制度。但许多高校并没有结合自身实际情况构建内部清查盘点制度，而现有的清查盘点制度执行较差，全面资产清查长期不开展，导致账账不一致、账实不一致等问题产生，造成资产闲置、流失和浪费。

2. 预算编制不合理，使用效率等管理机制缺失

大多高校都采用先编制采购预算再进行设备采购的流程，而大中型设备主要从科研经

费、学科建设经费等经费中列支但预算编制大多由经费负责人编制，存在一定的主观性，并未能结合学校、学科建设的中长期目标，缺乏长远规划，甚至有些高校一味追求进口设备，不计成本地贸然购入。然而，大多数高校还未建立系统的设备使用效率和使用效益的管理机制，这易造成部分大型设备闲置的现象，导致资源浪费。同时，在大型设备的维护管理方面也存在不同程度的欠缺，没有建立专门的队伍定期进行维护，导致设备使用寿命的缩短，从而给学校造成不必要的损失。

二、构建公立高校固定资产内部控制体系的重要性

财政部《行政事业单位内部控制规范（试行）》的实施，说明政府旨在廉政风险防控、提高管理水平等方面发挥内控的自我调节和自我约束的作用。随着国内"双一流"、高水平大学建设工作的不断推进，内控管理的重要性日趋上升。而固定资产作为高校教育、科研重要的物质基础，构建固定资产内部控制体系、将各项控制内容涵盖资产的全生命周期，嵌入业务流程及岗位职责中去，并加以监督和评价，是切实提高高校内部管理水平的重要措施之一。

三、构建高校固定资产内部控制体系建设的原则

固定资产内部控制体系是高校内控体系的重要组成部分，是管理者了解高校运行情况及资产状况的重要手段。首先，内部控制建设是"一把手"工程，单位负责人必须高度重视。其次，中层主导、全员参与，是固定资产内控体系建设有效运行的基础。内部控制贯穿于固定资产业务的全部过程中，受参与其经济活动的全员影响，不能将内控建设片面地仅理解为财务部门的事。最后，内控工作建设需借助于外力，立足于高校经济活动的实际情况，敢于暴露问题，剖析发现的风险，梳理制度与流程，通过业务流程再造、岗位职责优化和管理制度完善等举措形成完整并有效的设计方案。

四、高校固定资产内部控制体系构建的方法

为推进行政事业单位内部控制规范建设，2015 年 12 月财政部印发《关于全面推进行政事业单位内部控制建设的指导意见》，2016 年 6 月印发了《关于开展行政事业单位内部控制基础性评价工作的通知》，明确了行政事业单位加快内部控制规范建设要求和时间节点。我国公立高校如何加快内部控制体系建设，做好固定资产内部控制，提高内部控制规范建设的有效性，关键要做好如下四方面工作。

（一）内部控制建设是"一把手"工程，单位负责人必须高度重视

固定资产作为高校内部控制建设的重要内容，涉及单位层面内部控制和业务层面内部控制建设。业务层面的内部控制体系建设需要单位层面的内部控制基础作为保障，单位层

面的内部控制建设成效直接关系到业务层面的内部控制设计与实施的成效。而单位层面的内部控制体系建设关键要解决三方面问题：一是单位经济活动决策、执行和监督的相互分离问题，解决议事决策机制，包括"三重一大"决策机制；二是建立健全关键岗位责任制，明确岗位职责及分工；三是关键岗位工作人员业务培训和职业道德、职业能力问题。以上三方面关键问题的解决离不开单位"一把手"的支持和重视。对于公立高校来说，就需要校党委书记和校长的共同重视和支持。

（二）内部控制建设应当借助外力

内部控制规范建设作为一项系统性工作，其成效关键在于发现单位不易发现的风险，需要针对风险评估发现的风险及时采取如业务流程再造、岗位职责优化和管理制度完善等举措来有效防范。如果依靠单位内部自身进行内部控制规范建设，很可能出现"不识庐山真面目，只缘身在此山中"的情况：一是内部控制牵头部门或具体负责部门因自身业务能力，很难发现风险，或发现的风险不够准确等；二是内部控制牵头部门或具体负责部门因所处的工作环境，易形成路径依赖或疲劳，不敢深究问题，可能很难发现自身管理中存在的问题，很难对现有岗位权责利进行颠覆式改革，易导致内部控制建设流于形式，变成单位现有业务流程管理、现有岗位职责、管理制度的简单描述。为此，高校在进行内部控制规范建设过程中要做到以下两点：一是以外部中介机构为主，由其全程负责内部控制评价与体系设计工作，学校相关的建设工作办公室、工作小组仅承担配合与实施工作，保证中介机构的评价和设计工作不受现有管理模式和相关部门、相关人员的影响，真正从科学化角度去设计内部控制体系；二是应组建咨询专家组，咨询专家组主要由学校内部领导、相关管理专家等组成，着重对中介机构提交的设计方案进行论证、验收，提出修正意见。

（三）完善资产内部控制实施机制，加大执行力度

1. 构建高校资产内部控制制度框架

完善资产内部控制框架首先要完善资产管理组织与人员内部控制制度。高校资产管理组织与人员内部控制制度应包括资产管理组织机构的设置与责任分工。首先要遵循"统一领导、归口管理、分级负责、责任到人"的管理体制，明确各部门和岗位的职责、权限，确保固定资产从预算申报到采购验收、清查盘点、报废处置等全过程的不相容岗位相互分离、相互制约和监督，实行决策权、执行权和监督权的相互分离。其次要加强资产信息内部控制，完善固定资产管理系统，管理内容覆盖资产从预算购置到报废处置的全过程管理，实现动态化实时跟踪管理，利用信息化平台，打破信息孤岛的管理模式，实现信息共享与互通，为校领导及相关管理人员了解资产状况及决策提供信息基础。最后要实施实物资产重点控制，对大型专用设备应进行单独核算，确保资产的安全，定期进行维护，并完善对其评估效率和效益的环节。

2. 完善资产控制流程，增强风险意识

控制活动是整个内部控制的核心工作内容。高校在设计完善的内部会计控制系统的基

础上，首先，应建立领导授权制和责任追究制，明确划分职能部门职责，把握关键控制点，全面降低资产投资与使用风险。最后，完善公立高校固定资产采购预算的管理机制。一是在编制高校采购预算时，要充分做好编制基础工作，大型设备的购置，不仅要符合经费主管部门的要求，符合学校、学科的短、中、长期发展目标，也要有可行性报告和效益、效率分析报告，严格按照该单位的相关管理制度与流程，不然设备不予购置。二是建立和完善高校预算调整制度，在预算编制时，应充分考量高校的发展与实际需求，尽可能地减少执行过程中的追加事项，采购设备的预算类型、数量、金额不宜更改，确有需要，应提供详细的调整报告说明，才可适度调整，对调高必须进行严格控制，除特殊情况，一般不予调整。

（四）建立高校固定资产内部控制评价报告制度

高校内部控制评价报告制度应成为内部控制制度的一部分，其应包括单位层面的总体评价和业务层面的专项评价，需要定量指标与定性指标的结合。通过评价报告，及时发现内部控制建设与实施漏洞，及时改进缺陷，防范风险。为了顺利开展内部控制评价工作，高校可指定专门部门或专人负责内部控制评价，也可由其委托社会中介机构提供内部控制评价服务。根据《单位内控规范》的要求，单位内部审计机构做内部控制评价报告工作比较合适。

第三节　高校资产管理风险控制

经济和科技的高速发展也推动了我国高等学校的不断发展，招生人数逐年递增，高校的资产管理规模也随之急速扩大，其资产管理构成更加复杂，增加了管理的难度。很多高校通过内部的财务、后勤等相关部门的改革，来推动高校资产管理的有效性。因此，如何规避其风险是当前需要思考的问题。

一、高校资产管理的定义和管理意义

高校的国有资产是由各种形式的投资及产生的收益以及接受社会的馈赠而组成的，或是对行政事业单位拨入经费而形成的各种资产，在整个国民经济中起到了重要的作用，是国有资产的一个重要组成部分，但是高校资产具有自产的一般性需要，通过货币来进行计量才能为高校带来经济利益。近年来，我国高校的资产管理在学校管理工作来说是一个相对薄弱的环节，管理基础不够规范、安全控制机制不健全，重复购置以及资产的流失，账目和实际不相符合的现象存在，管理好高校的资产，对于提升资产管理的使用率，降低学校的管理风险，降低管理成本，有着非常积极的意义。当前高校对于资产管理风险的意识逐渐加强，需要不断强化其收入，开源节流，才能真正提高资产的使用率。

二、高校资产管理风险的现状

从制度上看，当前大部分高校的资产是进行的分区管理，如各个院系有权管理自己院系常用的资产，设备部门仅仅管理自己的机器、仪器、机械等；后勤管理部门则管理的是食堂、超市、小卖部，没有进行明确的划分监督和控制部门，使职能管理部门和财务部门之间的沟通脱节。从资产的限制上来看，从设施设备的配置上来看，有的时候几乎和实际需求是不符的，在有些情况下仅仅是追求这些设备的全面性和新颖性，使固定资产和资源上产生了很大的浪费。有些设施设备，其针对性、专业性非常强，从使用性来说非常弱，存在一些浪费的现象。一些高校的经济实体的创办和后期的维护，没有能够得到一个价值生存的空间，将这些直接划入到了学校资产的设备当中，在后期的管理和成本核算过程中收益容易被个人所占据，而出现了亏损则是需要管理部门进行扶持，导致高校国有资产的流失。

三、如何强化高校资产管理风险问题

（一）建立高校资产管理风险体系

要想真正的强化自身的资产管理，仅仅依靠一时的管理是不行的，构建出一个科学有效的资产管理体系，并不断地进行完善，才能真正起到强化高校资产管理风险的作用。通过统一领导，逐级负责的原则构建以资产管理为中心的三级管理模式，制定出符合学校实际情况的固定资产管理机制和实施细则。资产的限制使得流失非常严重，资产使用率很低，高校的办学考虑的基本因素都是同经济和社会效益离不开的，伴随着科技、经济的不断发展，也会涌现出新的问题。高校内部的资产从使用上没有严格的监督考核机制，也没有效益和费用管控方面的措施，更谈不上科学合理的激励机制。职能部门的协调和衔接要特别注意制定的制度，必须具有较强的操作性和落实性，实现真正意义上的职权统一。

（二）强化资产管理队伍建设

只有将资产管理的队伍建设纳入日常的工作中，才能够打造出具有扎实财务工作能力、具有管理工作理念的熟悉各类资产管理方式，并能够通过业务培训和政策法规的学习，开阔视野、提升自我综合素养的资产管理队伍，才能有效地对高校资产管理起到积极的作用。

（三）使用移动资产管理信息平台

信息的高速发展，互联网走进了各行各业，能够有效地提高国有资产的管理水平。高校可以将互联网技术作为信息网络终端技术作为平台，利用数字化来提高工作效率，降低成本，进行优化管理，同时注重创新思维，将无形资产和有形资产进行有效的统一。利用科技信息的手段，构建出一整套完善的资产管理体系，不断优化各个环节中的细节。利用信息网络的终端技术，让教师、学生都能够利用信息网络平台参与到资产管理中，提高资产管理的透明度，使得资产管理常态化，实现以人为本的服务理念，不断提升高校服务质量。

（四）构建流程化管理系统

高校需要构建出流程化的管理系统，对整个资产的使用过程进行全面的有效监控和管理，这样的管理系统包含了整个资产管理的所有业务，而各个模块都需要实行网络申请、网络账号管理、网络对账过程监控，管理过程的有效对接的所有的管理环节，都需要有过程性记录，实现有效的静态向动态管理的转变，能够给科学化的管理提供准确、及时的分析数据，最终能够实现固定资产的增值及保值。充分运用现代的互联网、大数据等技术对资产管理工作中的风险及变化及早地发现并能够采取有效的措施，准确的整合资产数据对资产数据进行有效的分类和汇总，并进行分析，节约成本提高资产管理的效率。

总而言之，高校的资产管理，首先要认识到学校自身资产管理中存在的问题，然后进行有针对性的研究解决方法，找到解决的路径，才能对学校的资产进行科学的配置，提高使用率。对资产管理中的风险进行有效的评估及预测，并对这些信息进行深入的分析和挖掘，才能够使得高校资产管理效能提升，最大限度地发挥经济和社会效益，使得效能最大化。

第四节　高校实验室资产管理内部控制

高校内各部门经济活动随着市场经济的发展日益增多，管理模式也发生了深刻的变化，实验室资产管理内部控制环境普遍较差，内部控制的设计和标准不够清晰。本节分析了我国高校实验室资产管理存在的问题，针对我国高校实验室资产管理内部控制现状，从业务治理与环境优化层面对我国高校实验室的内部控制进行了研究。

为了解决教学和科研需要而不断扩大的实验室资产购置规模与相对紧缺的高校实验室建设经费之间的矛盾，如何提高实验室资产的管理效率、增加仪器设备的利用率，发挥实验室资产最大的功能，成为高校实验室资产管理部门内部控制中的一个重要内容。

一、高校实验室资产管理存在问题分析

（一）实验室资产管理意识淡薄

多数实验室只盼望每年学校及上级部门能给实验室建设投入更多经费，一味追求实验设备的增加和资产份额的提升，实验室资产管理上出现"重投资、轻管理"的现象，对资产设备的管理不够重视，如不了解设备使用现状，不了解在用、闲置、待报废、已报废等现状，导致设备作用不能得到充分发挥，资源难以共享，存在重复购置的情况。有的实验室购置设备前没有经过严格论证和调研，没有进行设备折旧和成本核算，导致一些设备提

前淘汰，造成巨大资源浪费。

（二）管理技术及手段落后，权责不明晰

虽然高校都已通过计算机辅助管理实验室资产，但几乎都使用单机版的资产管理软件，且停留在登记和打印账和卡的初级使用阶段，资产管理信息共享平台没有建立起来，各使用部门的资产管理员无法通过独立账号登录资产管理系统，无法内部调度设备来扩大共享服务，制约了部门内各实验室设备的利用率。虽然多数高校都成立了专门管理固定资产的职能部门负责统一管理全校资产，但由于资产管理性质为二级管理，很多情况下账、卡、物的管理是分开的，使用部门负责卡和物的管理，资产管理职能部门只关心账上资产，往往认为只要资产账面正常就已达到管理的目的，对于卡和物疏于管理，容易造成权责不明确。

（三）流动资产管理重视度不够

随着高校改革深化推进，资产管理部门分分合合，部门职能不断变化，但资产管理制度的修订往往滞后，造成资产管理工作流程缺乏规范，没有规范和标准的约束，使用部门内部各实验室之间资产调拨中往往忽视办理资产转移及调拨手续；捐赠资产也属于高校实验室资产，但由于发票等单据不齐全，且接收捐赠资产的部门没能及时办理入账手续，导致物多于账，存在资产账面流失现象；高校人事变动中没有及时办理资产移交手续，甚至根本不办理资产移交接手续，造成高校实验室资产流失严重；报废和外调资产缺乏严格审核，账有物无现象也较为常见。

（四）管理制度实施不利，忽视资产复核

资产管理体系不健全，管理制度得不到落实，容易导致资产管理混乱。由于资产管理职能部门没有及时完善资产管理制度，容易导致固定资产入账不及时，账物无法实时一致，保管和丢失赔偿制度名存实亡，有制度但不执行，资产丢失毫无追责意识。报废流程复杂，报废工作难以推进。高校资产管理职能部门对实验室资产价值认定缺乏折旧复核观念，实验室资产价值从入账到报废没有任何变化，由于实验室资产折旧是客观事实，实验室资产账也理应需要折旧复核，认定资产价值一成不变的做法容易导致高校固定资产数额的真实性大打折扣。

二、高校实验室资产管理内部控制环境的必要性

（一）科学规划实验室结构形式的需要

目前，高校实验室资产管理的形式主要还是校院二级管理，但多侧重于院内教研室、课题组等以课程内容设置划分的分散式管理。因此实验室结构存在资产功能发挥不全、设备利用率低、实验室功能单一等弊端，究其原因是其定位为自我服务型，过分追求小而全的发展。这与高等教育有限的资源条件矛盾极大，所以要促进实验室建设与学科发展、教

育改革、科学研究之间相辅相成的局面，高校在实验室结构布局时就必须努力破除院系堡垒，构建实验室大平台，如学校集中投入的全校性的基础实验平台，由校、院两级共组多学科共享的实验教学中心，专款专项服务重点学科、重大科研的重点实验室。通过全校范围内科学、优化重组，实现有限资源合理配置和共享，稳步提高实验室资产利用率。

（二）推进管理网络化，实现资产计划管理的需求

为了实现实验室资产管理快捷、便利的网上信息查询、网上使用预约、网上报损报修、网上采购审批等功能，高校应该努力建立资产网络化管理信息系统并融入校园网。对各级管理员设置相应权限，校级资产管理部门可以对全校资产集中管理和实时监控，院级资产管理员可以跨教研室、课题组了解全院实验室所有资产运行状况，实现校级或院级实验室资产相应的调度和配置，不断扩大全体或部分实验室资产共享的服务面，从而克服封闭管理、信息不畅给实验室资产利用率带来的影响。此外，实验室资产在购置、功能开发、使用服务过程中都要做论证及阶段性评估，根据学科发展和教学科研计划性地完成实验室资产的管理，实现全校经费的科学投资及实验室资产效益的充分发挥。

（三）完善激励和约束机制的需要

受传统资产管理思想影响，学校对资产的管理往往流于形式，只应付上级的监督和检查，资产管理的具体问题不能及时解决处理，尽量回避制度的执行，学校实验室资产管理内部控制制度频频失效。由于多数高校忽视实验室资产管理，人事编制上压缩实验室资产管理人员、实验室资产管理人员由兼职短期工代替，常见的现象是专职教师兼职实验室资产管理人员，而全职实验室资产管理人员寥寥，因而对实验室资产管理人员的专业技能、职业道德、待遇保障、业绩考核等方面很难形成一套完善的机制和制度。同时，学校领导和实验室资产管理人员有义务对不合理、不合法的业务采取"零容忍"的做法，从学校内部加强监督和约束职能。高校实验室资产管理只有得到及时的激励和约束，才能更好地将高校资产管理工作落到实处。

（四）完善审批程序，强化授权控制的需要

高校实验室资产管理必须建立严格的资产处置业务授权及审批制度，明确审批人对资产处置业务的审批权限。首先，校级、院系级、科室级资产管理层必须在授权范围内行使相应职权。对一般的资产处置业务，如院系、教研室、实验室、科室间资产购置中配备标准的审批核实，资产使用后的验收入库，资产调拨、报损、盘亏（丢失）及赔偿等，应该承认国有资产管理部门的一般审批方式有利于强化部门负责人对资产业务处置的责任，集中资产管理，改变政出多门、多重标准的状况，对于提高业务效率有一定作用。最后，当高校某项重大资产处置业务的数额超过校内国有资产管理部门领导的批准权限时，必须经由学校领导班子集体决策和审批，必须上报教育主管部门和上级财政部门审批，严防挪用、贪污、转移、侵占国有资产的现象发生。如批量总额巨大的资产报废业务，超过10万元的报废权限只有上级财政部门才能审批。

三、高校实验室资产管理内部控制环境优化的方法

（一）加强高校预算编制控制

预算管理是高校实验室资产管理内部控制发挥作用的一个关键方面，也是高校国有资产管理部门发挥作用的一个重要环节。面对较为紧张的高校办学经费，很多高校不得不采用"拆东墙补西墙"的方法编制财务预算。学校各项业务活动发生的所有资产变动都应囊括在学校编制的预算内，如购买、捐赠、报废、报损、遗失等，同时学校的年度财务预算应与教育主管部门和上级财政部门批准的部门预算在收支口径上保持一致。所以高校职能部门应在全面了解全校实验室发展现状的基础上，不断调整实验室建设预算编制形式，提升预算编制的科学性。同时，在审核实验室建设预算编制的方法上，高校职能部门不能盲目上马项目，首先，应建立健全专项资金项目论证会制度，克服论证片面性和个人包办的弊端，加强集体决策。其次，要对专项实施全过程开展必要的跟踪控制，努力避免重复购置、资源独享等浪费现象对学校和国家利益的损害，打破院系堡垒和防止挪用侵吞等不正之风的蔓延。再次，要加强学校各部门的密切合作，实验室管理的职能部门应提高对各实验室项目执行的管理工作，及时公开实验室预算执行等财务信息，增强信息透明度，进一步完善民主监督的长效机制。最后，积极探索建立相应的风险评估制度，制定出科学、合理、可行的风险评估指标，尽量降低或消除各项风险对学校经费投资的不利影响。

（二）坚持动态化实时管理模式

高校首先应该勇于探索和积极筹备虚拟的资产管理中心，实时监控及统计全校仪器设备的信息，目的是将基于网络化管理采集到的资产数据用于统计、分析和帮助学校科学决策，为职能部门编制预算、规划和建设做好参谋、调度。同时，高校实验室应该重视资产的动态管理，建立和保存实验室电子档案，对实验室资产进行合理分类和统筹管理，为学校实验室的规划和建设提供合理的数据支撑，如实验室固定资产、低值耐用品、实验耗材等信息统计和记录信息。其次，应该提升实验室资产管理技术水平，学习先进的管理理念，充分利用现代管理技术，开发适合学校实际发展状况的数字化校园系统，实现实验室资产信息网络化管理，如使用网络版的实验室资产管理软件并设置分类用户及权限，促使实验室资产管理从分散管理向远程和集中式管理转变，并进一步促进实验室资产信息公开化，提升仪器设备的利用率和共享率。再次，采用科学条形码、二维码技术，利用数据采集器为实验室资产管理人员对各种实验室资产数据进行采集和处理降低困难和提高工作效率，将实验室资产管理工作引导到科学化、规范化和制度化的发展轨道。最后，每年实验室资产的账物清查盘点也是必不可少的，要将校、院两级的自查规范化、常态化，保证实验室资产信息准确更新。

（三）健全实验室人事管理机制

高校组织及人事部门在编制实验室用人计划、建立实验室人员晋升标准及程序、制定实验室人员绩效评定及考核与奖惩制度等工作中，应该深入研究"实验室岗位人员胜任能力如何""实验室专/兼职人员规模是否适应高校实验室发展需求"等问题，因为选好、用好实验室管理人员是建设高水平实验室的基础，所以应该尽量确保实验室管理人员全职化、固定化。实验室资产管理人员的内控意识也必须提高，高校实验室管理职能部门要不断创新资产管理人员培训方式和加大培训力度，只有提高管理人员的职业素养和法治观念，才能从源头杜绝或降低实验室资产管理中不合理、不合规定甚至违法的行为，更要鼓励他们积极参与到内部控制制度的建立和完善中去，最大限度地发挥他们忠于职守的作用。随着高校实验室资产规模的快速扩大及科技化水平的提升，实验室资产管理人员职业发展趋势也可能向复合型人才转变，他们的工作职能也必须由统计核算型向经营管理型跨越，因此，人事管理中应重视对他们的定期培训和终身学习规划，确保人、事发展齐头并进。实验室资产管理人员规范执行的自觉度更与他们的人格的诚信和道德品质的培养紧密关联，所以要营造良好的实验室资产管理内部控制环境，离不开高校对全体教职员工德育教育的实施。

（四）维护内部审计的独立性和强制性

高校内部审计应具有强制性。首先，高校应合理设置内部审计组织，并保证内部审计部门的相对独立性，确保其审计行为的权威性，校内任何组织和个人不得凌驾于内部审计职能之上。其次，高校必须明确内部审计部门的职责权限，规范内部审计的程序、方法和要求，并建立和完善内部审计制度，用于指导和规范各类内部控制活动，保障制度能够约束和监督各项活动及各类人员。对于领导干部违规强制审计和干预内部审计的行为，学校领导更要倍加重视内部审计工作，大力支持、亲自过问、认真批阅并自觉服从和积极配合制度的管理。对实验室资产管理的内部审计的监督必须是全过程的，应该参与到实验室建设项目申请、可行性论证、项目决策、招标采购订合同、供货验收及实验室资产处置的各个环节（包括入库、调拨、报损、报废），实施全方位监督。此外，高校内各部门之间要齐心协作，齐抓共管，实验室管理职能部门和国有资产管理部门要及时通报实验室建设项目及实验室资产处置进度，方便审计部门及时监督，财务部门也应该向实验室管理职能部门和国有资产管理部门通报项目经费余额及资产账户变动情况，保证校内各部门资产信息的公开化和对称性。

第七章 高校债务的内部控制

第一节 高校债务与高校债务风险

随着高校办学规模的扩大，基础设施的普遍升级，从中央直属高校到地方高校，高校负债率呈上升趋势，已受到政府和学术界的重视。笔者从高校财务的内部控制入手，对高校债务的成因进行探索与分析，并提出相应的对策。

当前，高校在经费支配和筹集上都拥有自主权。从宏观角度看，赋予的"自由支配权"一定程度上对刺激高校办学的积极性和扩充综合实力都有着积极意义。然而，从微观和现在的发展趋势角度来看，因高校债务增加，对内与对外支付经费的现象日益严重，自然给正常的运营带来了风险。从高校寻求银行贷款以及社会联合办学融资等渠道来说，如能在正常范围内进行，还是可以起到正面刺激的作用。但从内部控制角度来说，由于传统管理思想的局限性、领导班子责任不明确、财务人员结构与管理混淆以及学生欠费追缴不及时、校办企业风险转嫁等内部问题的影响，使得高校负债率逐步上升，引起各方的关注和重视，问题严峻且亟待解决。

一、高校债务的起源与发展

从 20 世纪末开始，各大高校纷纷扩大招生，很多高校开始进行大规模的基础设施建设，从比"门面"到比"设备"，硬件比"阔"的思想，使得各校不计规划、不计资金的"上项目""报升级"。国家审计部门公布的"211"和"985"高校 2003 年度财务收支审计结果显示，这些高校债务总额比 2002 年末增长 45%，其中，基本建设形成的债务占 82%，由于财政投入受限，银行贷款便成为高校建设资金的主要来源。直到 2004 年末，财务危机在部分高校开始爆发，并引起了政府的高度关注，因高校盲目扩大项目，最后"入不敷出"。高校盲目贷款没有理性的思考贷款偿还问题。现阶段，部门高校贷款余额超过了学校资产的 30%，有的超过了 60%。与此同时，国有商业银行给大学的很多贷款即将到期或已到期，银行催款，债务危机在部分高校的爆发，影响了正常的经营和办学秩序，最后不得不将包袱转给政府财政，加大了财政补贴的难度。这种由于内部控制不善带来的财务危机，影响了高校自身和政府财政规划，给高校办学带来了不良的影响。

二、高校债务风险问题的分析

（一）高校内部管理责任主体模糊

高校管理层是由上而下的委任制，部分高校领导不遵循教育规律。盲目圈地、扩张、合并、改校名到建大学城，在财政供给的局限下，只能寻求向银行借贷，结果形成既成事实，陷进了"公办高校不会破产、政府是高校债务最终的责任承担者、财政会为高校债务兜底"的思想误区。在"误区"引导下，进而加剧高校借贷，银行大胆放贷。与此同时，扩招初期地方政府的承诺（向高校承诺未来协助高校偿还银行贷款），宏观表象是为了实现"高等教育大众化"，银行因"高校主体"的特殊性大胆放款。加之高校管理层对贷款盲目追求，最终导致高校债务风险的加剧以及偿还债务的高校、主管部门、地方政府、银行四方利益的共同博弈，这也助长了高校内部管理层的"机会主义"。

（二）高校预算结构模糊，种类繁冗

现阶段，因高校内部财务管理制度的不完善或缺失，内部控制制度混乱，不能有效地进行预算分类，对在建项目管理分类不严谨，处理中的项目也多以繁冗体现，管理者只注重目标，不注重过程的监督，细化中存在着混乱现象，这样直接导致了部分高校的预算种类以"多""繁""奇"等的问题。王宏宇、秘丽霞对现阶段高校的负债情况进行了深度报告分析。从内部控制来看，高校的债务风险大部分来自内部财务管理的不全面，财务管理滞后直接引发所面临的债务风险；再从预算支付来看，现阶段，高校大部分的预算支出主要是满足正常性的教育支出平衡，而在基础设施、科研、教师工资与福利等方面，处在一个"变量"值上，没有一一对应的精确值，项目数据模糊，条理也不清晰。显然是存在大量的结转沉淀资金。但高校的实际上报中这部分已经用完，资金结果未知，缺乏全社会监督约束的平台数据，没有完善的公报，直接导致潜在的预算危机，支出风险严重。

三、减少高校负债风险的内部控制对策

（一）建立和完善高校内部管理层责任追溯制

王宏宇和秘丽霞建议，高校要建立基于内部控制的动态预警系统，并从财务管理的要点分析出发，提出影响内部控制的财务指标和非财务指标，进行样本数据的统计分析，基于主成分分析法进行评估，并运用模糊隶属度与 BP 神经网络分析法，评估内部财务控制风险。由此，法律制定机构需要加快对《预算法》和《高等教育法》的完善，出台规范高校银行贷款行为的规范性文件，明确归口部门和贷款审批程序，正确引导高校贷款的使用方向、贷款规模等。学校内部管理层也要根据自身发展的需要和认识决定是否贷款、贷款用途和贷款规模等。

高校财务管理的领导团队是财务管理的主导者，从人员安排、制度制定以及项目控制

上，都需要承担起主体责任，领导要认识到财务管理与控制的必要性和重要性，强化团队班子的财务管理水平，纠正不正确的财务管理思想，努力提高科学化的处理水平，对财务子类要亲自部署、重点环节严格把控，健全财务管理领导的结构系统，将总会计师、财务机构、财务人员进行统筹协调。

（二）加强高校财务内部控制预算的科学管理

长期以来，在传统的高校财务管理思想下，对预算存在盲目性和冲动性，过去由于高校财务还没有完全有效地建立起对社会的公示，因而预算种类一旦"多""繁""冗"，势必影响到过程的"公正性"，无头账、烂尾账，导致债务增加，也对财务预算的监督带来压力。

因此，高校要从债务率扩大的现实来审视，从宏观经营进行改革，进一步地在高校内部进行全局性的预算分类精简，做到有的放矢，一账一清，结转用途清晰，减少预算的盲目性，控制预算过程的腐败和不作为行为，逐步明确预算主体的合理用途以及偿还来源，做到从债务负责制和监督制的方向来进行每一笔预算的设立和运行。

（三）加强和提高债务风险防范人员的管理水平

依据教育部财政部制定的《高等学校总会计师管理办法》的要求，总会计师由上面指派，总会计师要兼顾双重领导，与高校财务债务风险管理领导小组协调一致，提高财务风险管理水平，并及时进行评估和汇报。促使高校在面临超额的财务预算以及债务风险时，能及时地从内部控制入手进行高校财务管理风险控制，根据实际情况要客观探索近年来高校的财务风险现状，并对高校的内部财务控制管理要着重加强，建立完善相应的财务控制系统。同时，也要加强高校财务人员的管理和培训，提高他们的业务水平和业务素质，并因地制宜地安排好财务管理的预算收入和预算支出，确保加强经费收支平衡。加强财务工作力量，科学合理配备财务人员编制和数量，并按事业发展需要动态调整，以保证财务工作正常开展。高校还应该安排财务人员进行科学化、规范化的培训，在提高财务水平的同时，提高思想觉悟，建立财务人员的长效培训机制，持续化地提高财务人员的综合素质。

总之，减少高校债务率的上升有助于保障高校财务管理的安全，事关高校财务风险与高校运行的安全，高校在拥有独立经费统筹的情况下，要在政策性的指导下，完善内部预算控制管理，实现财务管理的全面严谨，促进收支平衡，提高财务控制的预警。

第二节　高校债权债务控制

本节通过对高校债权债务管理现状以及形成原因进行分析，提出加强高校内部控制建设，防范债权债务风险的合理化建议。高校债权债务的控制领导重视是关键，内控制度建设是保障，规范会计核算工作是基础，完善考核机制是手段，加强财务管理信息化建设是技术支撑。

近年来，高校与社会各方面的经济业务活动越来越频繁，所产生的债权债务也相应增加，这对高校的债权债务管理提出了巨大挑战。随着政府部门进一步加大对高校资金监控和审计检查力度，在审计中发现一些高校在债权债务管理方面存在的问题比较多，主要是高校对债权债务的清理清收不重视、借款报账不及时，有些债权形成时间较久、数额较大，存在着资金难以收回并已形成损失的情况。因此，高校必须加强内部控制建设，尤其是对债权债务的内部控制，堵塞漏洞，避免债权债务纠纷，从而真实披露会计信息，如实反映高校财务状况，正确评价高校绩效，保证国有资产安全。

一、高校债权债务管理现状

（一）债权债务数额较大且长期挂账

在近年的审计检查中，发现一些高校债权债务挂账金额较大且长期挂账的问题，有的高校债权债务挂账数额几千万，甚至上亿元，挂账时间多则十几年甚至更长时间，许多款项都是陈年老账，有的已成为呆死账。由于长期不清理，加上一些往来单位由于机构改革、单位改制、人员变动等原因，债权债务主体发生了变化，导致债权债务清收清理难度加大，有些债权由于当事人变动无法联系或者当时的记录不完整、记载不明确，使回收工作难度更大，有些债权已无法收回。这种情况造成国有资产流失，给学校造成一定经济损失。

（二）会计核算不规范

按照《高等学校会计制度》的规定，高校债权类会计科目主要包括应收票据、应收账款、预付账款、其他应收款等；债务类会计科目主要包括短期借款、应缴税费、应缴国库款、应缴财政专户款、应付职工薪酬、应付票据、应付账款、预收账款、其他应付款、长期借款、长期应付款等。但是实际工作中，有的高校不按债权债务的主要内容设置具体的明细科目，债权债务会计科目使用也不规范，基本上仅使用其他应收款、其他应付款科目。有的高校将应作为财务收入、支出的经济业务，不在财务收入和支出会计科目中进行核算，而在债权债务会计科目中反映，甚至将应上缴财政专户管理的收入也计入债权债务，一些支出也在债权或债务中列支，造成学校财务收支不实、会计信息失真。

同时，对于发生债权债务的主要内容在会计账簿、凭证登记上不完整、不清晰，不能准确地反映债权债务发生的具体时间和主要事项。由于长期不清理不核对不结算，年复一年，债权债务数额越滚越大。

（三）内部控制制度不健全

有的高校内部控制制度不健全，没有制订完整的债权债务管理制度，例如：债权债务审批制度、应收账款管理制度、定期清理借款制度等，也未设置专人专岗负责债权债务的清理工作。一些财务人员责任心不强，政策不熟，业务不精，疏于对借款的管理，没有定期与相关单位核对借款、及时冲销。甚至有的单位旧账没还清，又挂起了新账，加之有些单位经办人员由于岗位调动，未及时报账，原始单据一直存放在经办人手中，甚至遗失，以致长期挂账。

（四）借款报账不及时

按照《高等学校财务制度》规定，高校会计核算一般采用收付实现制，年末财政结转结余资金包含未报账的借款。近年来，有的高校年末财政结转结余资金较大，其中一个重要原因是工程维修项目、仪器设备、材料元器件、协作加工等大额借款报账不及时，加大了年末财政结转结余，致使年末财政结转结余数据失真。

（五）忽视隐性债权管理

高校收入核算由于采用收付实现制，一些应收未收款项未作为债权进行管理，可能导致收入的流失。如学生欠缴的学费及住宿费、学校对外投资收益、未按合同约定到账的科研经费、应收取的水电费及学校垫付所属单位的费用等，这些均是学校隐性债权。

二、高校债权债务形成的主要原因

（一）领导认识不足、重视不够

有的高校财务部门领导对债权债务的管理不够重视，既没有建立规范的、完善的债权债务管理制度，又没有明确的债权债务管理的工作程序，更没有相应的考核办法，债权债务的管理工作仅仅停留在会计核算上。由于领导不重视，财务人员不尽心，对以前年度形成的债权债务清理不力，从而影响了债权债务的核算和管理工作。

（二）债权债务管理岗位职责不明确

有的高校财务部门往往对债权债务管理没有明确的岗位职责与人员分工，导致债权债务责任不清，科室之间相互推诿，平时不对账或者很少对账，有的到年底才对一次账。往来账的余额为逐年滚动而成，越滚越对不清，结果等查账的时候因对不上账而不能取得函证，延迟了查账的进度，给学校造成了不良的影响。

（三）未严格遵守和执行高校财务制度的规定

《高等学校财务制度》规定：高等学校对应收及预付款项应当及时清理结算，不得长期挂账；对无法收回的应收及预付款项，要查明原因，分清责任，按照规定程序批准后核销。高等学校应当对不同性质的负债分类管理，及时清理并按照规定办理结算，保证各项负债在规定期限内归还。但是在实际工作中，有的高校不去遵守执行或执行不到位，有的高校尚未认识到巨额的债权债务的存在会给学校造成隐患，这也是造成高校债权债务的长期挂账的一个重要原因。

（四）对财务人员缺乏考核机制

有的高校财务部门负责人认为债权债务管理的责任主体是学校内部相关单位，相关单位应负责对债权债务的清收清理，财务部门只是负责核算记账，因此没有将对债权债务的管理及成效纳入对财务人员的考核范围，从而导致财务人员平时不关心也不关注债权债务发生的变化、主要构成、存在的问题，更不会积极主动地清收清理。

三、加强高校债权债务管理的建议

上述债权债务管理中存在的问题，不仅会造成债权债务关系混乱、形成呆死账、会计信息失真，也容易造成国有资产流失。结合高校的实际情况，笔者提出以下几点建议。

（一）管理者应引起重视，加强债权债务管理工作

高校管理者尤其是财务部门负责人要重视债权债务的管理工作，经常研究分析出现的问题并及时解决。同时，应明确财务部门的管理职责，严格要求财务人员准确核算，及时对账，发扬爱岗敬业、团结协作的精神，做一名合格的财务人员。

（二）完善债权债务管理制度，加强内部控制建设

高校应按照财政部、教育部有关加强高校内部控制的文件规定，建立内容完整的债权债务管理制度，加强债权债务管理，建立严格的审批程序，明确相关单位和财务人员的职责，属于"三重一大"事项的应当进行充分论证和风险评估，并由领导班子集体决策和审批。财务部门应加强账龄分析，对于逾期三年以上，有确凿证据无法收回的应收及预付款项，按规定的权限和程序报批后予以核销。同时，建立责任追究制度，对到期无法收回的应收及预付款项严格按制度追究相关人员责任。

（三）严格遵守和执行财经法规，规范会计核算工作

高校财务人员要严格遵守和执行高校财务会计制度的规定，科学、合理设置债权债务会计科目，根据债权债务的具体内容准确计入相关会计科目。在办理债权债务业务时，原始单据必须齐全，与债权债务相关的单位和个人名称、主要事项等记录必须明确完整，保证会计信息的真实性和可靠性。财务人员应定期清收清理债权债务，对债权债务进行核对，检查余额、期限是否发生变化以及变化情况及原因。以保证账账相符、账实相符。

（四）制定工作程序，建立和完善考核制度

高校财务部门应制定债权债务管理和核算的工作程序，岗位分工和工作责任要明确到人，优化设计审核、制单、复核、记账、对账各环节的工作程序，规定定期对账时间，检查对账结果。要明确岗位职责，债权债务管理人员要负责审核往来账的原始单据和会计科目，准确登记账簿，及时核对账目，协调各方关系，保证往来账的及时、准确、完整核算。

高校财务部门应建立严格的考核制度和责任追究制度，要制定奖惩制度，检查各个环节的工作情况，对表现好的要给予鼓励和表扬，对出现问题、甚至违反财经纪律的要给予

批评教育。

（五）加强财务管理信息化建设，对债权债务实施全过程监督

财务管理信息化建设是全面加强高校债权债务管理的重要手段和技术支撑。高校在维护好会计核算平台的同时，应及时研发、设计适合各高校自身债权债务管理特点的会计监督平台，将债权债务管理纳入整个财务管理系统。通过项目（单位）负责人约束、借款笔数控制以及还款期限设定等，将控制关口前移，变事后控制为事前、事中控制，真正实现全过程会计监督，有效防范和控制财务风险。

第三节　高校债务管理决策制度

随着高校经济的规模化、多元化发展，建立并完善债务管理决策制度有利于保证债务活动的科学性、规范性，控制财务风险，保证高校事业的健康和可持续发展。本节从内部控制的角度，分析并提出了构建高校债务管理决策制度的方法和建议。

1999 年之前，高校基本是依靠国家财政拨款来维持，但伴随高校扩大招生规模、合并扩建等教育改革政策调整，财政拨款已无法满足高校的快速发展和资金投入要求。2001 年 7 月教育部印发《全国教育事业第十个五年计划》明确提出，"建立健全符合社会主义市场经济体制和政府公共财政体制的教育拨款政策和成本分担机制"，"适当运用财政、金融、信贷手段发展教育事业。合理利用银行贷款，继续争取世界银行贷款项目"，由此打开了高校银行贷款的政策通道。但随着高校贷款规模日益增大，个别学校开始出现债务依赖现象，2009 年起，各级财政教育部门先后出台紧急政策，严格控制高校新增贷款。2016 年 4 月教育部印发《教育部直属高校经济活动内部控制指南（试行）》，明确提出高校应当建立健全与债务相关的决策机制。高校应参照指南要求构建严密的制度，对债务管理决策进行有效组织、控制和监督，提高决策的科学性，控制和防范财务风险。

一、高校债务管理决策的特征

（一）决策内容具有重要性

高校债务资金的使用主要用于基础设施建设和改造，如新校区建设征用土地、教学楼及实验室建设等，所以高校债务活动往往金额较大，对学校的发展规划、财务状况会产生重大影响甚至带来风险。因此，各高校需要根据结合自身实际情况科学决策，确定举债的规模、渠道和方式等。

（二）决策程序具有复杂性

高校债务资金活动要面临国家宏观经济、金融行业发展、主管部门指导意见、单位实

际情况等复杂环境因素，债务决策的进行从提出需求申请到技术咨询、专家论证、集体决策、审核报批等一系列流程，要求高也较为复杂，任何一个环节的疏漏都可能导致财务风险，因此高校在进行债务决策时必须谨慎处理。

（三）决策责任具有转移性

高校接受政府部门管理监督，虽是独立法人但实质上不可能完全独立承担民事责任。因此，当高校决策失误出现债务风险不能按期偿还贷款影响高校的正常运行和发展时，政府综合考虑社会经济发展、社会稳定等因素会出面调控干预，此时高校决策债务责任会转移给政府。

二、高校债务管理决策中的主要问题和风险

（一）管理制度不健全

部分高校并未建立债务决策的内部管理制度，未明确举债申请、审核、审批、论证、决议、监督等各环节的管理程序和要求，未建立或未履行债务集体决策机制。部分高校缺乏完整的债务战略规划，盲目举债，导致财务和管理风险。同时，也存在高校决策者自身的责任意识不够强，未实施集体决策，未经核准擅自举债等现象。

（二）岗位和权限设置不科学

如高校未合理设置债务决策相关管理岗位，职责分工不明，不相容岗位未实现分离；债务决策关键岗位未建立轮岗和绩效考核挂钩制度，个别岗位长期一个人担任或工作人员思想认识肤浅、职业懈怠，无法及时甄别决策隐患和风险。部分高校未合理设置债务归口管理部门，未明确归口管理部门职责，债务决策过程中各个业务流程衔接不好，出现部门间多头管理、协作不畅、相互推诿的情况，工作衔接出现"真空地带"。

（三）筹资项目方案可行性论证和评估不充分

一方面，表现为筹资项目、筹资方案和还本付息方案未经过可行性论证和集体决策或决策随意导致决策不科学，导致筹资过度或筹资不足；论证流程不科学、不完整、不严密，导致项目无法正常开展实施。另一方面，债务决策方案未进行学校偿债和抗风险能力论证评估，或评估流程不科学、不完整、不严密，导致筹资决策不当，筹资成本过高或偿债压力过大，甚至导致学校无力按期归还本息，学校权益受损，影响学校声誉和形象。

三、高校债务管理决策的控制策略

（一）建立债务决策的内部流程和工作制度

第一，建章立制，以制度形式明确举债的申请程序和要求、筹资项目方案的论证评估程序和要求、债务的决策程序和要求、债务决策责任的追究制度以及各环节的责任划分、

审批权限等。第二，建立债务决策管理内部工作机制，即保障债务的决策权、监督权、执行权相互分离，使得权力受到制衡和约束，保障决策权力在规定的权限范围内行使。同时，债务相关方案应由学校集体决策后按程序报上级管理部门核准，决策一旦确定和核准，单位任何个人无权更改集体决定。因债务情况变化，需对债务相关方案进行调整的，应重新进行集体决策并报上级管理部门核准。第三，建立债务决策管理责任追究机制，即对债务管理过程进行详细记录，按照"谁决策、谁负责"的原则，责任具体落实到个人，建立责任追究机制并与职务升迁和绩效考核挂钩。

（二）加强债务决策的过程管理控制

1. 债务决策的目标控制

高校应建立发展战略和投资规划，债务决策时应审核筹资项目策划目标是否符合国家法律法规和有关规章制度规定，是否与学校发展目标和战略规划相一致，确保筹资项目的必要性。违反国家法律法规，偏离单位战略发展规划目标的项目计划，一概不予考虑。

2. 债务决策的可行性论证控制

一方面，筹资项目的时间、内容、技术、用途、方式等可行性必须经过充分讨论、严格论证，建立健全集体研究、专家论证和技术咨询相结合的议事决策机制，提高议事过程的科学性，确保项目具体实施的必要性、科学性。另一方面，筹资方案和还本付息方案的可行性必须经过充分讨论，要建立在分析、论证、咨询、调整、协调、决定的基础上，坚持积极稳妥的原则，明确责任，规范可行性论证流程，对资金进行科学规划和配置，优化债务结构，量体裁衣，从严控制、从优控制。同时，按照"三重一大"事项上报学校集体决策并提供相关论证材料，对学校能通过校内资金合理调剂解决的，原则上不通过举债资金进行筹资安排。

在筹资方案和还本付息方案中需重点关注筹资规模、筹资时间、债务结构和筹资成本四个方面：第一，筹资规模即筹集的资金额度，学校向银行贷款金额越大，未来需还本付息的压力就会越大，高校筹资规模必须适度。第二，筹资时间即取得债务资金的时间，举债时间应与项目实施进度相协同，避免资金闲置或资金中断。第三，筹资结构，例如债务根据偿还期的不同，可分为短期债务和长期债务，高校应根据项目和财务的实际情况，合理确定并不断优化债务结构。第四，筹资成本，筹资成本的大小取决于金融市场贷款利率水平及金融机构对举债方筹资项目的评估。一般而言在效益一定的情况下，应选择成本最低的筹资方案。

3. 债务决策方案的评估控制

一方面，高校财务部门应根据宏观环境和学校发展形势，结合学校近三至五年的财务状况，对未来短中期收支情况、结余情况进行科学预测，既要考虑收入渠道的增减变化，又尽量测算可实现收入情况。对比债务策划项目和筹资、还本付息方案，合理预计筹资成本，分析评估学校的偿债能力和财务风险，如将面临的风险类别、风险大小，风险是否适当、可控等；同时也要评估项目的预期收益和效益，评估项目实施的积极意义和机遇。另一方面，高校应对债务决策可行性论证过程的规范性、科学性进行评估，建立评估责任追究机制，必要时委托第三方社会中介机构进行评估，参与评估的人员不得参与可行性研究论证，评估时不能简单地以少数服从多数的原则执行，而应充分考虑筹资项目方案的各方面意见，综合考虑各种因素，确保评估的科学性。

四、债务管理决策的监督

高校应当建立债务决策业务检查监督制度，在债务活动过程中和债务活动结束后对债务决策情况进行分析、对比债务实施情况、问题和效果对决策管理进行评估，包括检查债务使用效果是否与债务决策目标一致，债务决策管理制度和内控是否健全，债务决策程序是否科学、规范。对相关责任人履行岗位职责的情况进行检查，是否有损害学校权益的不当行为，将绩效考核和责任追究制度与评估工作结合起来，必要时追究相关人员的责任。对评估中发现的问题，了解问题产生的原因，制定相应对策和采取必要措施控制风险，及时进行更正和调整，防患于未然。在高校的债务决策管理工作中，我们一定要有高度的责任心和使命感，建立健全内部控制建设，以确保学校的权益，防范财务风险。

第四节　高校债务与基建项目造价控制

本节从高校债务问题入手，指出扩招带来的基建规模扩张是其主要原因。基建项目造价控制是减轻高校债务压力的有效举措。要重点加强项目决策、设计阶段的造价控制，同时也要处理好工程招投标、施工和竣工阶段的造价控制，并坚持主动控制、技术与经济结合、质量第一的原则。

当前，高校债务问题已成为我国高等教育发展进程中一个急需破解的难题。调查显示，2009 年我国高校贷款规模超过 2 500 亿元，其中，近 2 000 亿元是地方高校的贷款。以杭州市为例，至 2008 年底，5 所市属高校负债合计 13.11 亿元。据陕西省教育厅统计，陕西省属 31 所高校 2009 年银行贷款为 96.24 亿元，校均负债 3.1 亿元。江苏省高校现有 100 多亿元债务。以一个大学借款 10 亿元计算，年利息达 5 000 万元，招收 1 万学生，学费收入才 4 000 万至 5 000 万元，仅够支付贷款利息。高校负债总额过大超出了其经济承受能力，高额利息支付使得年资金使用成本急剧增加。2008 年的两会期间，高校债务问题成为部分与会代表关心的热点问题，有的代表甚至提出了"高校破产说"。2010 年两会期间，陕西、四川、安徽等省人大代表再次提出中央财政支持解决省属高校负债问题的建议，新疆维吾尔自治区、山东省已将解决高校负债问题列入 2010 年政府工作要点之一。教育部在公布的《教育部 2010 年工作要点》中，直接指出要"扩大化解高校债务风险试点"。

一、高校债务中存在的问题

（一）高校债务增长过快、体量大

除扩招带来的高校规模扩张过快是导致高校巨额债务的原因之外，国家及地方政府长期以来对高等教育的财政投入缺位也是高校债务规模快速增长的主要因素。2002年，高校债务规模官方统计数据为88亿元，2007年，周济时任教育部部长，他在新闻发布会上表示，高校债务规模为2 000多亿元。据不完全统计，2010年高校债务规模已达8 000亿元，较2002年增长了近90倍，高校负债增长非常迅速，体量也非常大。

（二）高校债务结构不尽合理

高校债务不仅体现在庞大的规模上，还体现在负债结构不合理带来的巨大压力。由于高校集中扩大规模，负债来源主要为银行等金融机构，同时受宏观金融货币政策影响，多数高校短期流动资金贷款较多、长期项目贷款相对较少，表现为贷款时间短、流贷多的债务结构特点，这为后期债务还款埋下了潜在的风险。截至目前，部分高校已经出现到期还款困难或不断借新还旧的状况，债务风险加剧。

（三）高校债务成本高

21世纪初的十年是高校发展的黄金十年，据不完全统计，80%的高校在此期间完成了规模扩张和提档升级，但这十年也是高校债务突飞猛进的十年，银行及社会融资成本也一涨再涨，根据央行公布同期银行基准利率统计，以五年期以上长期贷款为例，2002年基准利率为5.76%，2007年最高时已经达到7.83%，加之在扩张期间多数高校受制于自身办学状况及国家金融政策，贷款利率均有不同程度上浮。以重庆市某高校为例，每年需支付银行贷款利息近5 000万元，当年利息支出已经占到当年学校收入总量的12.50%，占事业收入的比例高达45%，社会融资成本的逐年增加进一步加大了高校债务融资成本。

（四）高校债务偿还能力严重不足

高校规模扩大以后，办学规模稳定，学校收入总量也难再突破，在财政投入有限的情况下，单纯依靠高校自身消化累积债务显然不可能。由于偿债能力严重不足，不能按期归还到期贷款，高校不得不借新还旧或寻求其他风险较高的偿还方式，如向中介机构融资偿还贷款，这无疑进一步加剧了高校债务状况的恶化。

二、基建规模扩大是高校债务问题产生的主要原因

20世纪70年代，美国教育社会学家马丁·特罗教授以高等教育毛入学率为指标，系统研究了高等教育数量增长与性质变化的关系，提出了高等教育大众化理论。扩招以来，我国高等教育入学比例急剧上升，在校生人数由1998年的340多万人增加到2008年的2 907万人，毛入学率由1998年的9.8%增加到2008年的23.3%，高等教育规模跃居世界

第一。

高等教育的繁荣和发展使高校面临着如何筹集扩大规模所需资金的问题。长期以来，国家和地方政府对高校投入不足。当前，国家拨款首先关注"985"高校和"211"高校，然后是省部支持或共建的重点大学，其余高校在资源博弈竞争中趋向边缘化。在国家和地方政府缺乏有效投入的情况下，高校只好向商业银行大规模举债。在雄厚的银行信贷资金支持下，一场大规模的高校基建运动竞相在全国展开。然而，随着还贷期的相继到来，相当大比例的高校债务越积越多，债务问题已严重制约高校的持续、健康、和谐发展。

高校债务问题的产生与基建规模迅速扩大有很大的关系。为适应扩招要求，高校基建规模迅速扩大，校舍建筑面积由 1998 年的 15 400 万平方米发展到 2006 年的 51 287.27 万平方米，年均增长 4 486 万平方米。据测算，新建一个校区平均投入接近 6 亿元。在扩建的同时，日常的维修、装修工程也占了基建投资的相当比例，可以说高校的支出当中基建投资占的比例极大。据审计署 2006 年发布的《审计公告》显示，被审计的 18 所部属高校2003 年末债务总额为 72.75 亿元，比 2002 年末增长 45%，其中基建形成的债务占 82%。为此，不少专家呼吁，要科学审定高校发展规划，必须严格控制新增贷款规模和基建规模。

三、基建项目造价控制是减轻高校债务压力的有效举措

在债务压力严峻的新形势下，如何针对高校基建的特点控制工程造价，节省宝贵的建设资金，是摆在高校领导和基建管理者面前的新课题。

高校基建项目造价控制是指在项目投资决策、设计、承发包、施工、竣工等阶段，采取有效措施，随时纠正发生的偏差，把工程造价的发生控制在批准的造价限额内，以求在项目建设中能合理使用人力、物力、财力，取得较好的投资效益和社会效益。当前，高校缺乏对基建项目造价控制重要性的认识，在基建过程中出现了普遍存在于建设领域的"三超现象"，大大削弱了高校的债务化解能力。

基建项目造价控制对减轻高校债务压力具有积极作用。实践中，部分高校主动采用多种手段控制基建工程造价。例如，对施工单位组织严格审核；严格按照招标合同控制总投资；严格控制变更设计的审批工作；制定严格的费用开支制度等。

四、加强基建项目造价控制，减轻高校债务压力的重点和原则

（一）基建项目造价控制的研究简述

20 世纪 80 年代末和 90 年代初，国外对工程造价管理的研究进入全新阶段，一大批新的理论不断涌现。例如：英国提出了"全生命周期造价管理"的理论与方法，美国推出了"全面造价管理"的概念和理论。进入 21 世纪后，许多专家学者对全生命周期造价管理和全面造价管理的内涵、理论及实践进行了大量富有建设性的研究。20 世纪 80 年代中后期开始，我国出版了大量关于造价控制方面的专著。其中，徐大图在 1989 年、1997 年

主编的《高校基建工程造价管理》和《高校基建项目投资控制》对高校基建项目造价控制进行了深入研究。国内学术论文主要针对高校基建项目的各阶段投资控制进行了研究。大多数造价管理者认为要对基建项目实施全过程投资控制；部分学者认为应将投资控制的重点放在设计阶段；也有部分学者认为招投标阶段是基建项目投资控制的关键一环；还有部分学者认为施工阶段投资控制的潜力较大。

（二）加强基建项目造价控制，减轻高校债务压力的重点

高校基建项目造价控制是一个复杂的系统工程，贯穿项目决策、工程设计、工程招标、工程管理和工程决算的全过程。在我国，由于长期受计划经济的影响，高校往往只注重对施工阶段的投资控制。研究表明，80%的高校基建项目全生命周期费用在项目决策和设计阶段就已经决定下来了。因此，高校基建项目造价控制的关键环节应该是项目决策和设计阶段。

1. 项目决策阶段

项目决策是指项目实施前对项目的总体方案、使用功能、建设档次、建设风格和投资规模等一系列重要问题的规划和定位，是按照一定建设指导思想下达工程设计和建设任务的论证决策过程。项目决策阶段的费用虽然仅占项目建设总费用的0.5%~3%，但它对项目投资的影响程度可达80%~90%，项目决策是工程造价控制中的重中之重。项目决策正确，才能合理地估计和计算工程造价，并且在实施最优投资方案过程中，有效地控制工程造价。项目决策失误，会带来不必要的资金投入和巨大浪费，从而加大高校的债务压力。

项目决策重在合理选择建设规模和建设标准。建设规模过小，使得资源得不到有效配置，运行管理成本较高，办学效益低下；建设规模过大，则会导致大量建筑得不到有效利用，既浪费投资，又使办学效益得不到有效发挥。因此，在确定高校基建项目规模时，要根据学校中长期发展规划，并结合学校科研、教学等实际情况，一次性规划，分期、分批建设，资金分批投入，避免贪大求全，造成资金投放集中背负巨额债务的不良后果。建设标准是衡量工程造价是否合理及监督检查基建项目建设的客观尺度。标准水平定得过高，会脱离学校的实际情况和承受能力，增加造价；标准水平定得过低，将会影响学校的后期发展和增加运行、维护费用。因此，学校应对标准水平进行全面客观的分析评价，科学定位，形成质量重于规模、内容重于形式、内涵重于外表、软件重于硬件、"大师"重于"大楼"的局面，这样才能从根本上降低高校基建债务风险。

2. 项目设计阶段

国外一些专家研究指出，在项目投资决策正确的条件下，项目设计对工程造价的影响达75%以上。高校应加强基建项目设计阶段的造价控制，具体来讲：

一是实行设计招标和设计方案竞选。不管是大型的还是一般的基建项目，都要实行广泛的设计招标和方案竞选。通过设计招标，引入竞争机制，促使设计单位采用先进技术和管理方法，降低工程造价。设计方案竞选是优化设计方案的有效方法，通过设计方案竞选

优化，有利于从中选择最佳方案。

二是推行限额设计和平行设计。限额设计就是按照批准的设计任务书及初步设计总概算控制施工图设计，各专业在保证达到使用功能的前提下按分配的投资控制设计。实践证明，限额设计能有效地控制整个项目的投资，对一些工程量大、技术要求较高的项目还可采用平行设计，即另选一家设计资质较高、技术力量较强、设计信誉较好的设计单位。在不改变建筑方案和使用功能的前提下，对方案进行科学合理的分析、计算，并与中标设计单位的设计结果进行比较分析，这样做能防止原设计的重大失误，以免造成投资增大。

三是引入设计监理。由于设计工作专业技术性很强，仅靠高校基建部门对设计阶段的技术与经济进行控制存在一定难度。高校应委托社会监理公司对设计阶段的技术与经济进行监理，以加强对基建项目的前期控制。由监理公司委派造价工程师介入设计，通过技术比较、经济分析和效果评价，正确处理技术先进与经济合理两者之间的对立统一关系，力求在技术先进条件下达到经济合理，在经济合理基础上体现技术先进，把控制工程造价的理念渗透到设计全过程中。

3. 其他阶段

在工程招投标阶段，可委托专业招标代理机构来负责。招标文件和中标合同条款务必做到严谨、准确和全面，工程造价及相关费用尽量包死，同时把标底控制在合理造价的下限。对于不同的项目要根据各自实际特点制定不同的评标标准，不要迷信最低价中标。施工阶段要重点加强工程质量管理、工程进度管理、工程变更管理和材料成本管理。例如，在工程成本中，材料费占总成本的60%左右，加强材料成本控制在实现成本目标管理中起着核心作用。竣工决算审核阶段，要坚持以现行的工程造价管理规定为依据，按照施工合同中的约定，根据竣工图结合隐蔽验收、现场签证和设计变更进行审核计算。同时，建议实行工程结算复审制度，确保结算质量。

（三）加强基建项目造价控制减轻高校债务压力的原则

1. 主动控制的原则

长期以来，人们在项目过程中一贯采取的控制方式其实只是一种"纠偏"过程，这只能说是被动控制。只有将控制立足于事先主动地采取措施，以尽可能地减少甚至避免目标值与实际值的偏离，这种积极的主动控制才是造价控制中最有效、最具影响力的方式。

2. 技术与经济相结合的原则

要有效地控制造价，应从组织、技术、经济、合同和信息管理等多方面采取措施。组织上明确项目组织机构、造价控制者、管理职能分工；技术上重视设计方案选择，严格监督审查初步设计、技术设计、施工图设计，深入技术领域研究节约造价的可能；经济上动态地比较造价计划值与实际值，严格审核各项费用支出；合同上明确各方责任、合同价款及奖罚条文；信息上随时清楚价格、利息等变化。

3. 质量第一的原则

工程造价不是越低就越合理、越好，在处理质量与造价的关系时，必须坚持"质量第一"的原则，使造价服从质量，决不能为了降低造价而牺牲质量。

五、高校债务的优化对策

目前高校的债务有政府投入不足的原因，有学校盲目扩张、贪大求全的原因，也有银行审查不严，肆意放贷的原因。因此，高校债务问题的解决要依赖于政府、学校和银行三方。

（一）加大政府扶持力度

就高校资金来源结构看，财政拨款依然是高校资金主要来源，政府应进一步加大拨款力度，一方面可通过加大债务化解专项资金扶持、进一步提高生均拨款标准、提高财政贴息比率等方式加大教育经费投入，实践政府对教育经费投入占 GDP4% 的承诺，争取达到国际平均 5% 的标准。另一方面，政府可针对高等教育资金困境，制定适用特定条件、特定时期的优惠扶持政策，如政府放开对高校土地置换的约束，减轻或减免高校预算外创收资金税收负担，设立政府债务化解专项资金等，利用多种路径化解高校存量债务。

（二）加大政府监管力度

根据对重庆市高校债务情况调研得知，基本建设是导致高校背负巨额债务的最主要原因，并且我们发现，各高校由于基本建设经验不足、专业人才短缺等客观原因，普遍存在基本建设项目论证不充分，项目投资及融资审批监管缺位等情况。以重庆某高校为例，基建项目立项概算 6.17 亿元，而实际竣工结算时支出达 10.05 亿元，超概达到 62.88%，而超概并没有进行论证和办理相关审批程序，因超概而新增加的建设贷款也没有主管部门审批。由此可见，政府及相关主管部门在高校新增债务项目及新增债务过程中监管有所缺位，放纵了高校的办学自主权，政府应加大对高校重大投、融资项目的审批及监管，适度控制高校办学自主权，控制高校新增债务。

（三）强化高校办学主体地位

一方面，高校作为主要办学主体，要增强责任意识，牢固树立依赖自身还债的思想，摒弃政府"兜底"的依赖思想，高校债务的化解很大程度上要依赖于高校自身，高校应当加强债务管理，增收节支，做好还款预算，将债务偿还作为一项长期的事业来抓，逐步消化债务，防范债务风险。另一方面，高校自身要增加财务意识和风险意识，加强对新增贷款项目的财务可行性论证，特别是在编制学校五年发展规划时，一定要将学校财务收支计划与学校发展规划结合起来，力争做到学校财力可有效支撑学校发展，实现互为支撑、互为发展的良性局面。

（四）银行等金融机构在高校债务化解过程中应予以积极配合

一方面，作为高校债务最大的受益者，银行等金融机构对于高校巨额债务的形成，有不可推卸的责任，因此在高校债务结构调整和偿还贷款过程中，银行应在贷款利息优惠、贷款期限、流动资金周转等方面予以大力支持，加快高校债务结构调整、降低高校融资成本，从而缓解学校债务压力，帮助高校尽早消化债务。另一方面，对于贷款量大，中长期内还款能力严重不足的高校，银行等金融机构应配合地方政府搭建融资平台，将贷款通过置换打包给一个或多个银行，将贷款期限延长至 10—30 年，以使在较长的时期内高校收支结余能覆盖债务本息，从而缓解高校短期偿还压力，实现最终消化债务的目标。

（五）争取社会资金化解高校债务

据不完全统计，美国、英国和法国等国家公立大学，每年接受社会捐资办学经费占学校收入总量的比例为 10%~30%，而我国目前还不到 5%，作为高等教育资源最大的受益者，社会对高校的回馈显然是不够的。各高校一方面要加强产学研合作，积极寻找社会增资项目；另一方面要加强与社会机构的合作与交流，争取社会对高校的支持，争取社会资金化解高校债务。

第五节　高校债务危机的长效机制

自高校扩招以来，由于财政教育经费投入有限，各高校基础设施建设所需资金大多依赖银行贷款，巨大的还贷压力已使很多学校不堪重负，财务管理面临巨大风险。本节试从筹资渠道的多样化探索、资金运作方式的改善两方面探讨高校化解债务危机的长效机制，以便进一步探索高校化债和财务风险控制的方案。

自 1999 年我国高等教育实行的扩招政策使高校在校生规模十年间增长了 9 倍，截至 2009 年达到了空前的 2 149 万人，但与迅速增长的学生规模极不相称的是中央对财政性教育经费的投入，尽管我国财政收入每年都在增加，但教育经费占 GDP 的比例却直到 2012 年才首次达到 1993 年国务院在《中国教育改革和发展纲要》中明确提出的目标——"国家财政性教育经费支出占国民生产总值的比例在 20 世纪末要达到 4%"，而这一目标离世界平均水平的 7% 相去甚远，还不及经济欠发达国家 4.1% 的水平。

不断膨胀的在校学生所需教学资源和生活设施成本与财政性教育经费供给的严重不足产生了明显的矛盾，导致银行贷款成为高校新的融资渠道。2009 年底全国高校债务总额超过 5 000 亿元，占当年国家财政收入的 7% 以上。高校贷款虽然缓解了扩招带来的资金缺口，改善了办学条件，但在财政教育经费投入有限且融资渠道不畅的情况下，过度贷款所形成的高额本息使很多高校不堪重负。尤其在 2009 年初，教育部明确提出把"开展化解高校债务风险工作"列入工作重点并严格限制新增贷款后，很多高校因无法借新债还旧债面临资金链断裂的巨大财务风险。

为了保证学校工作正常与稳定的前提下解决债务危机，很多高校财务部门制定了一系列的政策措施用以化解债务维护财务安全性，例如申请财政拨款、土地置换、财政贴息、缩减预算压缩运行成本等。这当然可以在一定程度上甚至完全程度上偿还债务，但从我国高等教育发展的战略角度考虑。这些方法多是依赖政府政策的支持，缺乏自主性，并不能形成稳健长效的财务风险防范和控制机制，而压缩预算和必要的运行成本则有可能降低教学质量，延缓学科建设、师资队伍建设的进度，并不利于高等教育的全面均衡和可持续发展。

高校要想打造自身在外界的影响力和知名度，就必须不断提升硬件和软实力，而这一切都需要充足的资金作为强有力的保障。但充裕的资金并不简单地以账面上银行存款的多少决定，资产和资金的安全有效与否才是构成财务风险大小甚至高校持续经营最关键的因素。因此形成财务体系的"自我造血"和自我修复功能，建立防范和控制高校财务风险的长效机制是至关重要的。笔者认为就我国高等教育的性质和特点而言，可以从资金来源渠道和资金的运作和使用两个方面来探讨解决高校债务危机，保障资金安全的策略。

一、资金来源渠道

我国高校收入来源渠道主要有三种：一是国家财政拨款，二是学费等事业性收入，三是科研经费等各类专项收入。这些收入总量有限，使用范围有明确的规定，不能灵活地调动使用，因此如果高校需要快速筹集大量资金进行基础设施建设，就只有通过银行贷款。

高等教育作为准公共产品，其供给在理论上应采取政府与市场共同承担的原则。但目前绝大部分高校都具有非营利特性，这也就意味着高校对政府存在过度依赖。无论是财政拨款还是银行贷款，或是其他方式的收入，都隐约可见政策指导的痕迹。我国处在并将长期处在市场经济体制中，各种以市场为导向的筹资方式都可以适当地为高校财务所用，拓宽筹资渠道，增加资金来源的多样化。

加强校企合作，增加服务性收入。高等教育比基础教育更具有服务社会的特点。高校的一些科研项目本身就是应企业需要调研开发，然后转变为产品投入市场创造效益。高校也是应社会需要开设专业课程培养教育学生以便向社会向企业输送大批的专业人才。正因如此高校才需要充分利用自身特有的人力、智力优势，努力构建知识链、科技链与产业链相结合的科技创新体系与机制，与企业紧密联系，有针对性、有目的性地借助企业资金优势将高校的技术创新成果迅速转化为现实生产力，实现盘活高校资产与用活企业研发资金的校企双赢局面。这在一定程度上也可以达到高校学科和人才建设优胜劣汰的目的，使其发展更符合市场需求，带来效益的极大化。

尝试引入其他性质的资本合作办学，拓宽筹资渠道和方式。随着我国经济的发展，民间资本存量剧增，越来越多的民间资本有能力也有意愿投资高校产业。因此未来高校可以尝试通过"独立学院"等运作方式引入民间资本，让有实力、有积极性的民间资本参与进来，这不仅完全符合国家多渠道筹集办学资金的政策，而且有助于改变当下大学行政化的决策机制。同时，这样的办学方式在高校中引入了市场经济的理念，实现了国有资金与民间资金的融合，甚至可以通过合理的资本化运作上市融资吸纳更广泛的社会资本，筹资方式更加灵活多元化，也可以产生更大的社会效益和经济效益。

改变银校，校企单一合作模式，实现融资方式多样化。目前学校与银行合作主要表现为债权债务的依托关系，在高校资金需求巨大的情况下，这种关系存在并在一定时期内长期保持下去，因而银行也可以探索和建立与高校合作的新思路，如尝试发行专项高等教育债券。目前在资金短缺的高等教育行业与蓬勃发展的债券市场之间缺乏一种有效的联结机制，这种制度的缺位使得债券市场的闲置资金不能合理有效地投向高等教育行业，再加上我国发行国债时并没有明确国债的用途和使用方向，影响了国债资金的使用计划。因此，发行高等教育专项债券可以在发行之初就明确资金的投向和用途，通过债券市场吸收社会闲置资金合理配置，同时长期债券相比银行贷款而言具有利率低和到期还本付息的特点，在一定程度上减轻了高额利息支付给高校建设带来的资金压力。对现阶段国家财力难以解决而高校又急需扩建的教育设施，可以模仿企业融资租赁的方式，吸引企业资金投入，学校按照社会投资收益率和固定资产折旧率，向投资者有偿支付合理的租金，建设学校发展需要的设备设施，协议期满后，设施的所有权无偿移交给高校。这样做既满足学校发展的需要，又可以缓解高校经费紧张的局面。

二、资金的运作和使用

一所大学的持续良性发展，是需要站在战略的高度满足成本—效益原则循序渐进地扩充软硬实力。无论何时何种条件下，都不能盲目使用资金。我国高校在扩招期间受自身办学目标价值取向的影响，不太注重办学"内涵"和"外延"的均衡协调，短期内对基础设施过度投入，虽然满足了扩招对于办学条件的需要，但是却造成了极其严重的后果就是基本建设投资项目对学校发展战略不形成支撑，投资结构不合理，校园面积、房屋与建筑物的投资比例过大，影响了教学与科研设备的投入份额，使得高校后续发展和软实力建设显得后劲不足，物质文明和精神文明不能齐头并进，这些都对高等教育的可持续发展和核心竞争力的构建造成潜在的威胁。因此，改变资金使用和运作方式势在必行。

完善高校财务预算体系，提高资金使用效率。高校财务应考虑各方面因素，遵照"量入为出，收支平衡"的原则，加强对预算编制、执行细节的参与和指导，分析财务支出的合理性、效益性，投入产出比例，在保证刚性需求满足的基础上尽量减少浪费性支出和不必要的开支，提高资本性支出决策的透明度。目前，高校内部存在设备重复购置、资产空置率高、资金利用率低等问题，这与校内信息流转不通畅，部门各自为政，校内资源不能合理有效分配有极大的关系。财务部门需要站在全局的角度通盘考察调研学校的具体情况，建立刚性预算制度，科学合理地编制预算，建立预算管理监督机制。在安排资金预算时，应对全校的资金需求进行全面分析并按轻重缓急进行排序，能用现有资源解决的，可在全校之内进行调剂解决，将有限的资金用在最需要的地方，最大限度地发挥资金的效益。

改变发展模式，坚持走"内涵式"发展的道路。有研究报告分析成本支出结构显示，国外一流大学每年的教学、科研与学术支出比例达到支出总额的 65%，而我国目前因扩招的原因，高校将更多的经费支出用于基础设施建设，几乎占到总支出的 45% 以上，经过这种依靠举债支持的"外延式"发展阶段后，聚积的一大批高质量的硬件条件和优质资源将在今后很长一段时间满足办学需求。因此，未来高校需要改变发展模式，加强人才队伍、教学科研平台和体系建设，完善规则制度，严格控制硬件投入，从提高软实力建设，培养特色、内涵、增强核心竞争力方面下工夫，全面提升高校的学科实力和综合管理水平，保持长久旺盛的生命力。

加强建立高校内外部财务监督和问责制度。高校债台高筑，与高校预算不透明、缺乏债务风险预警机制也有关系。债务形成的原因、财务决策制定的依据，资金使用的效果等都需要有一个客观公正的平台进行监督和控制。因此，除了财务部门自身需要加强内部控制外，纪检监察、各种审计方式都应当完善并纳入监督体系中。而且，在高校资金使用中还需建立严格的问责制度，由于高校扩招导致部分学校对资金使用缺乏合理规划，铺张浪费严重，资金使用效率极低。建立问责制度是保证金额较大的资金调度都有投入产出、成本效益的可行性论证，具有充分的理论支持，避免不合理的支出和贪污浪费现象占用了学校正常运行资金。

债务危机是目前高校办学层次提升中所面临的阵痛，但这种危机只是暂时的、可逾越的。我们需要在面对和解决这种危机的同时探求一种长效机制，充分运用学校现有的资源，不断寻求内部协调和外部合作，拓宽资金渠道，合理利用资金，加强高校软实力的建设，这样才能发挥高校在科研和产业化进程中积极重要的作用，为社会的发展和进步提供源源不断的动力。

参考文献

[1] 姜月茹 . 高校财务内部控制的发展问题及对策研究 [J]. 经济研究导刊，2018(13).

[2] 董培璐 . 浅谈高校财务内部控制 [J]. 新会计（月刊），2018(4).

[3] 陈科宇 . 基于服务视角的高校财务管理体系构建 [J]. 中国市场，2019(9).

[4] 刘丹华 . 浅析高校财务内部控制 [J]. 时代经贸，2016(21).

[5] 朱虹 . 基于高校的事业单位内部控制研究 [J]. 时代经贸，2018(4).

[6] 孙支南，王超辉 . 论高校内部控制与风险管理 [J]. 高教探索，2016(1).

[7] 曾银娥，张娥 . 高校财务内部控制问题分析及对策探讨 [J]. 中国市场，2016(14)：107-108.

[8] 刘纪波 . 高校财务内部控制问题探讨 [J]. 财会通讯，2015(23)：126-127.

[9] 卢伟 . 新时期高校财务内控存在的问题及应对措施研究 [J]. 中国市场，2018(12).

[10] 刘慧，李婧 . 论高校财务内控体系构建与完善策略 [J]. 山西农经，2018，227(11)：117-118.

[11] 李书霞 . 高校财务内控体系的构建及完善策略分析 [J]. 财会学习，2018，191(17)：270-271.

[12] 孙响林 . 完善我国高校财务内部控制策略探析 [J]. 经营管理者，2017(18)：237-238.

[13] 包兰英 . 高校固定资产管理内部控制思考——以 X 大学固定资产审计为例 [J]. 行政事业资产与财务，2020(16)：70-71.

[14] 张瑾 . 基于内部控制视角对高校财务风险防范的探索研究 [J]. 中国乡镇企业会计，2020(08)：193-194.

[15] 李振林 . 在内控制度下高校财务管理现状及问题的研究 [J]. 财经界，2020(09)：174-176.

[16] 董志强 . 我国高校教育基金会内部控制建设的问题与对策 [J]. 企业科技与发展，2020(07)：171-173.

[17] 齐天 . 高校学生收费内部控制的优化路径——基于流程管理理论 [J]. 财会学习，2020(19)：188-190.

[18] 孔莉 . 高校财务会计档案管理的内部控制制度建设分析 [J]. 中国新通信，2020，22(13)：240-241.

[19] 毛华扬，朱玉玮 . 互联网环境下的会计内部控制与流程再造 [J]. 中国管理信息化，2016.

[20] 董家智 . 电算化背景下高校会计内部控制研究 [J]. 曲靖师范学院学报，2015.

[21] 尚慧丽 . 基于会计电算化背景下企业内部控制研究 [J]. 企业导报，2014.